黄永玉的文学行当

萬荷堂主

李辉◎编著

cns | 湖南美术出版社

自序

李辉

二〇一三年七月，湖南美术出版社推出《黄永玉全集》，作为献给黄永玉先生九十华诞的贺礼。全集除“美术编”八卷之外，另有“文学编”六卷。一套由专业美术出版社推出的全集，为何扩大格局，在绘画、雕塑、工艺设计等美术门类之外，特意增加“文学编”？

在许多场合，黄永玉不止一次说：“文学在我的生活里面是排在第一的。”他还这样谈到自己的创作体会：“文学让我得到了很多的自由。”的确，黄永玉虽以艺术家著称，但他与文学的渊源颇深，关系密切，并在小说、散文、杂文、诗歌等不同文学体裁方面，均有突出成就。只不过，“黑画”猫头鹰、满塘荷花、一枚猴票、一个酒鬼瓶，太为人熟知，文学家黄永玉的另一番风景，则不免有些委屈地被遮掩了。

这一番风景，值得欣赏。

基于这样一种考虑，巴金故居、人民文学出版社、湖南美术出版社联合策划了“我的文学行当——黄永玉九十作品汇展”。该展览集中展出文学作品原稿、版本、绘画等不同样式的作品，人们将从中看到，黄永玉的创作如何将美术与文学融为一体，成为当下文学界独树一帜的一个特例，一个值得关注和研究的对象。

为配合展览，我特地编著此本《黄永玉的文学行当》。既非传记，也非论著，本书围绕同一主题，以本人概述、黄永玉自述、他人评说等不同板块，从不同侧面勾勒出一个不一样的文学家。

本书由四部分组成：

第一部分——“主题变奏”。以时间为脉络，以不同阶段、不同体裁的创作状况，反映黄永玉文学道路的概貌。

第二部分——“比我老的老头”。以文学家群体为主，介绍黄永玉与他们之间的文化交往。

第三部分——“文与图——样式独创”。“文与图”是美术与文学融汇一体的形式独创，也是黄永玉最具个性的文学表达。

第四部分——“流不尽的无愁河”。长篇小说是黄永玉倾注心血最多的文学体裁。政治幽默、讽刺小说《大胖子张老闷儿列传》，完成十余万字；自传体长篇小说《无愁河的浪荡汉子》刚完成第一部《朱雀城》三卷本，达六十余万字，第二部仍在写作中，并在《收获》上连载。本书摘录部分点评，并挑选作者自己绘制的小说插图若干。

本书编著过程中，我摘录了一些作者所写的关于黄永玉的评论，没有他们的精彩文字，本书必然逊色不少。在此，特向各位作者谨致谢忱。

感谢黄永玉先生及其家人的全力支持，为本书提供大量图片和资料。

感谢湖南美术出版社诸位同仁，为此书的顺利出版付出的辛劳。

二〇一三年八月一日，北京

目录

自序 1

第一部分 主题变奏 1

七十年的主题变奏 3

故乡——文学的摇篮 11

文学，从诗开始 19

电影，匆匆来去 28

插图——为文学插上美术的翅膀 34

“五七干校”的情诗 42

重新亮相，仍从诗开始 57

“太阳下的风景” 67

第二部分 “比我老的老头” 83

沈从文 90

黄裳与汪曾祺 106

臧克家 118

聂绀弩 120

萧乾 126

130 冯雪峰
136 夏衍
140 黄苗子与郁风
148 吴祖光
152 杨宪益
156 巴金
160 鲁迅
164 邵洵美
166 吕荧

169 第三部分 文与图——样式独创
171 “永玉六记”
188 《水浒》人物
192 画跋

201 第四部分 流不尽的无愁河
203 《大胖子张老闷儿列传》
209 《无愁河的浪荡汉子》

222 附录 黄永玉文学事略

【第一部分】主题变奏

七十年的主题变奏

如果从二十世纪四十年代初期开始发表作品算起，黄永玉的文学道路迄今已走过七十年。早期写作可视为文学尝试，尚处在一种不自觉的状态，这种状态在较长时间里断断续续，一直到“文革”结束后的思想解放时期，才如井喷一般转变为充分的自觉与热情。尽管此时他已年过半百，但他的文学创作却进入了一个全面开花与收获的季节。更令人赞叹的是，这一创作高潮，延续三十年而不衰，哪怕在八十岁之后的今天，依然保持一种旺盛的、上升的状态。

纵观文学史，绝大多数文学家早在年轻之时就有了明确的文学自觉、激情与目标，创作高潮也很早得以形成。与之相比，有着艺术家身份的黄永玉则明显不同。与文学结缘七十年，但他的主要文学创作，被视为一位文学家，则是在年过半百之后。他以自己的独特姿态，走着一条与其他文学家不同的途径，其呈现方式也颇有不同。如果将之纳入文学史的范畴予以考察和界定，不难发现，黄永玉的确是一个特例，一个难以复制的“他”。

二〇一二年在书房中读旧作

试将黄永玉文学道路，分为如下三个阶段：

第一阶段——尝试与沉寂，从二十世纪四十年代初至一九六三年左右，约二十年；

第二阶段——潜在写作，从一九六四年至一九七六年前后，约十二年；

第三阶段——自觉与丰收，从一九七七年至今，近四十年。

需要加以说明的是，三个创作阶段的时间划分，并不严格，仅视基本状态而定。另外，黄永玉目前仍在进行长篇小说等作品的写作，所谓“第三阶段”，实际上尚未结束，因此，这里特地将第三阶段的截止时间，暂且以“至今”为表述，以“正在进行时”的写作状态。

星移斗转，七十年文学行程，主题不断变奏，尝试—沉寂—潜在—自觉—丰收……如此这般，黄永玉的文学道路，在当代文学史的画卷上延伸。

在家乡凝望石磨

永玉自述

小时候，走几十里来看磨。磨经过很多力，很多运动，磨圆了，磨光滑了，跟人生的经历一样。看着轮子不停地转呀转，重复不停地转，像历史一样，生活一样，又像灾难一样，人生的欢乐都包含在内。有时轮子走到你面前，感到它很沉重但又没有危险，从面前滚过去，像一个大时代。

永玉自述

我爱好文学，可能祖上都是读书人的原（缘）故。

小学那时遵循蔡元培先生“美育”教育方针，古今观念都宽容开放，给小孩子一定影响。

集美中学图书馆丰富藏书打开我认识新世界的眼睛。

少小流浪闽南，战地服务团、演剧队的王淮兄让我懂得进步的“文艺生活”。仙游县的陈啸高、吴淑琼先生贤伉俪慷慨为我开放藏书库，使我系统了解世界文学的宏大规模。

为年青（轻）诗人作家做木刻插图，相互导引出浓厚文学兴趣。认识真诚的诗人野曼，又串连出更多的文学朋友。

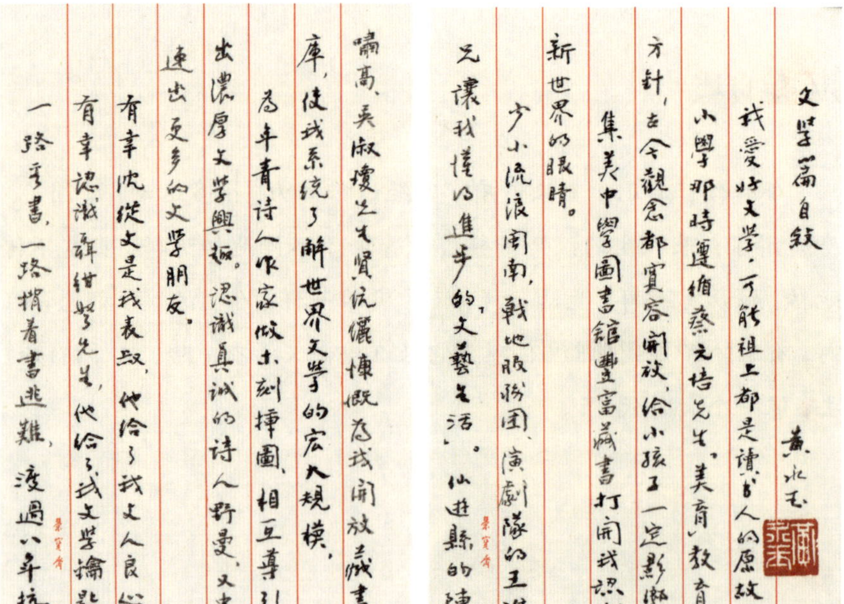

文學篇自敘

黄永玉

我愛好文學，可能祖上都是讀書人的原故。

小學那時遵循蔡元培先生"美育"教育方針，古今觀念都寬容開放，給小孩子一定影響。

集美中學圖書館豐富藏書打開我認識新世界的眼睛。

少小流浪閩南，戰地服務團、演劇隊的王淮兄讓我懂得進步的"文藝生活"。仙游縣的陳嘯高、吴淑瓊先生賢伉儷慷慨為我開放藏書庫，使我系統了解世界文學的宏大規模。

為年青詩人作家做木刻插圖，相互導引出濃厚文學興趣。認識真誠的詩人野曼，又串連出更多的文學朋友。

有幸沈從文是我表叔，他給了我文人良心。

有幸認識聶紺弩先生，他給了我文學鑰匙。

一路手書，一路背着書逃難，渡過八年抗

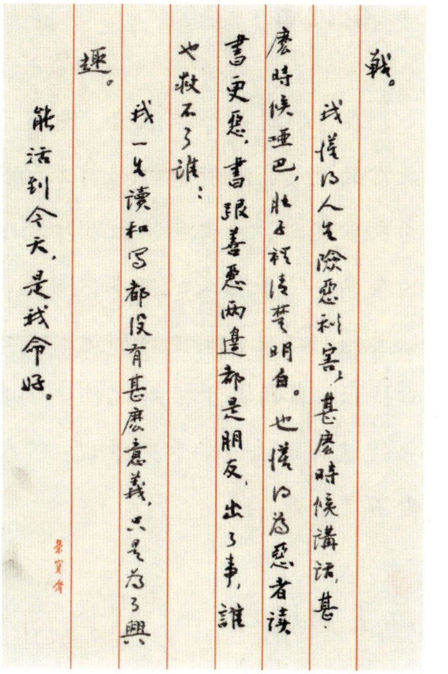
我。
我懂得人生險惡利害，甚麼時候講話，甚麼時候啞巴，肚子裡清楚明白。也懂得為惡者讀書更惡，書跟善惡兩邊都是朋友，出了事，誰也救不了誰：
我一生讀和寫都沒有甚麼意義，只是為了興趣。
能活到今天，是我命好。

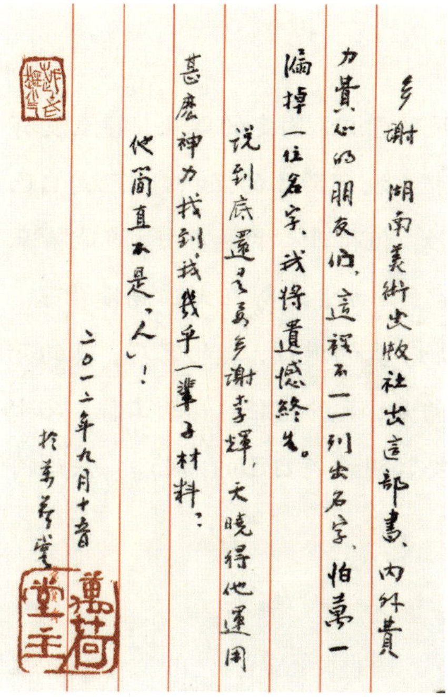
多謝 湖南美術出版社出這部書，內外費力費心的朋友們，這裡不一一列出名字，怕萬一漏掉一位名字，我將遺憾終生。
說到底還是要多謝李輝，天曉得他運用甚麼神力找到我幾乎一輩子材料：
他簡直不是"人"！
二〇一二年九月十日 於萬荷堂

有幸沈从文是我表叔，他给了我文人良心。

有幸认识聂绀弩先生，他给了我文学钥匙。

一路看书，一路背着书逃难，渡过八年抗战。

我懂得人生险恶利害，甚么时候讲话，甚么时候哑巴，肚子里清楚明白。也懂得为恶者读书更恶，书跟善恶两边都是朋友，出了事，谁也救不了谁！

我一生读和写都没有甚么意义，只是为了兴趣。

能活到今天，是我命好。

永玉自述

我自小就是个流浪者，没有系统的学识、固定的职业，甚至没有正常的饮食，没有老师和前辈的提拔，没有群体的互拱，自己是自己的衣食父母，行囊满装上百斤局限性。值得开心的是自由。随地捡来的杂食，顺手拈来的书本，阳光、空气、水，足够在大江湖漫步了。从无门户之见，吸食的都是有用之物。真的谦虚，真的客观，真的开心快乐，真的善于排解忧伤……真的爱，真的信任，真的工作。几十年就这样过去了。卡夫卡说："人要客观看待自己的痛苦。"快乐何尝不是如此？

永玉自述

诗、散文，我几乎没有胆子说话。用交朋友打比方，诗比散文的朋友少，但更珍贵。写诗真难，诗更无限，诗有时连情感都不顾，让"字"在那里碰撞，大炮，洪钟，野地上长着的小铃兰的声音。甚或碰出无声的孤寂，甚或一种新的文字元素。像抽象画，让颜色跟颜色干仗、追逐、交配（元配或杂交）。像新音乐，像千百年前土音乐，它说的是音乐本身，不是月亮、爱情诸多混账事。凡人写情诗是为了求爱；诗人求爱写诗其实是为了诗。音乐只用基本的七个音阶加一些半音，诗是天上地下万种组合，随手拈来，妙趣天成。（义山诗很多为了字眼好听。东北辽宁渔民闻我烟斗的烟丝味说："这烟味真好听。"）

诗人如果是和尚，和尚如果有时动了凡心去拈花惹草，那就是散文。

诗的任务如果是散文，就没有诗了。散文自然不是诗，有这样的散文，酸溜溜，唔知话也？文化上“范畴”的严谨和哲学的严谨是一样的。

永玉自述

陈恕先生在介绍《尤利西斯》的时候，说乔伊斯的文笔：“在文学上精心推敲，使得每一个字都有音乐的韵味。从结构上说，人物、语言和主题的陈述、再现和发展，酷似一首交响乐。此外，他还模仿音乐、声乐和乐器，精巧处理字和音节，节奏形式都是以声乐配置而精心设计的，元音、辅音、短语和节拍，经过细心安排，使之达到听觉的效果，高音及音色都和木管、铜管、打击音乐相谐调，传到听众的耳际和脑际，变成和谐音乐。他对中心赋格的处理，使行动的叙述部分，编辑在精心设计的重复的旋律中。”也就是说，他在写东西的时候想到的是音乐、音节、文字的排列。我喜欢讲究的文学，喜欢有许多层次的音乐背景的交响乐式的文学，所以有时候我故意找所谓的背景和层次来欣赏，我也如此这般地看待现实生活与人物。

点评

黄永玉其实本质上是个诗人，是个作家。他从青少年时期就开始写诗写文章，和许多有名的诗人、作家都有交往。十多岁时就写诗，或为诗人朋友的作品配插图。青年时在报馆时是写文章为主业的。二十来岁时就和诗人臧克家等交往。帮助这些内地逃到香港的文化人安排住处。臧克家离开香港时还将自己切菜用的砧板送给黄永玉作木刻用。表叔沈从文的书则让他懂得“原来文章也可以这样写”。他熟读中外文学作品，聊天时可以随口说出塞万提斯、帕斯捷尔纳克等一溜外国作家作品中的句子。他可以谈茅盾，谈王蒙，甚至熟悉王朔、郭敬明的小说，万荷堂的围墙里还刻有当代青年诗人的诗句。与散文家、古典书籍出版专家钟叔河说起古典文学也是让年轻人如坠烟海。他和诗人艾青、邹荻帆是好朋友。他写诗，写杂文，写散文，写剧本，写小说，写旧体诗词，出版诗集、散文集十多本。他的朋友可以说是作家多于画家。

颜家文

点评

在《比我老的老头》一书里，黄永玉用一个又一个小故事怀念他的老朋友，其中也有我认识的、已去世的人。这是一本文字的人物素描，平铺直叙，天然的朴素，透明如水晶，纯净如裸体的婴儿，却蕴藏着浓郁的、诗的情怀，教人读一次哭一次。同样的题材，用我的笔墨写出来，只能是无趣无味的笔记，欠缺的不是技巧不是修养，是一种不能教不能学的东西，名曰“天赋”。

……

我觉得（可能是错误的印象）知道文学家黄永玉的人没有知道画家黄永玉的人那么多，但我自己欣赏黄永玉的文字多于他的绘画，原因很简单：读他的文章，能感觉作者的心跳呼吸，分享或分担他的喜怒哀惧，而看他的画时，如果没有题识之类的文字引导，就不容易感觉画家的存在，观者可以享受的就是画的美感，不必动脑筋。当然也有例外，我见过他的两幅水墨就很使我动心。黄永玉是一个一流的画家，毋庸置疑，他尤其是一个了不起的漫画家，画人物，寥寥几笔就把人写活了。

陈实

故乡——文学的摇篮

热爱文学，倾心文学创作，无疑是故乡对黄永玉的一种赐予。

黄永玉自幼感受着故乡漫溢而出的文学气息。在凤凰成长的十二年，与文学相关的诸多元素：知识、情感、修养……一日日渗透于心。他出身于书香门第，其父母又均为受新文化影响的知识分子。黄永玉识字很早，两三岁即开始背诵古诗，继而背诵四书五经。在背诵古诗、在听前辈们海阔天空讲故事的过程中，他接受着古典文学和民间文学的最初熏陶。这种熏陶，与自然界的美丽、风土人情的丰富性以及凤凰的民间艺术氛围，相辅相成，对于一种文学精神的形成，显然起到举足轻重的作用。在这一点，可以说，黄永玉是一个文学的幸运儿。

《无愁河的浪荡汉子》是黄永玉晚年正在创作的一部自传体长篇小说，小说主人公名叫序子（小名“狗狗”），原型即作者本人，小说中的朱雀城，即凤凰古城。小说当然有虚构成分，但它们显然是基于黄永玉儿时生活体验的再创造。如下两段叙述，颇能说明充满文学气息的家庭氛围在某种程度上可以让一颗幼小的心灵感受到诗意的滋润。

第一段叙述五岁左右的序子去乡下看望外婆，他与酷爱古诗词的二舅之间，有这样一番交流：

> 狗狗一边看远处屋瓦上的雪，一边听二舅讲话：
>
> "你讲了好多，尽讲尽讲，一点都不好听！我一点都不懂！"
>
> "不懂不要紧，你长大就懂！唐人写雪不光写雪，写雪背后那些意思，你听过柳宗元的《江雪》吗？虞世南是个大书法家，诗也好：'天山冬夏雪，交河南北流……'，他晓得天山上不分冬天夏天都是有雪，高山两边融的雪各流各的，变成大河。陈子良写雪也写别的事，让人跟在后面越跟越有意思：'光映妆楼月，花承歌扇风。欲妒梅将柳，故落早春中。'古时候下雪天，臣子被召到宫里去陪皇帝喝酒吟诗，这些诗大多作得情不是情，景不是景，境没有境，又怕丢官杀头，都勉强得很。一怕，好句子就出来不了。"
>
> （《无愁河的浪荡汉子》）

第二段叙述十岁左右的序子在家里与母亲谈起柳宗元：

> "你懂吗？"妈问。
>
> "懂一点点，不懂的跳过去。他比唐朝别个人的文章好懂，也有意思。"序子很认真地讲，"诗也好！"
>
> "他的文章你读过多少？"妈问。
>
> "《捕蛇者说》、《种树郭橐驼传》、《黔之驴》，是胃

约三岁时与母亲在一起

五岁左右与父亲在一起

先生教过的；我自己试着读，《吊屈原文》、《谤誉》就不太懂，很不太懂。”序子笑起来。

“你可以问。”妈说。

“……不是一句两句的问题，很难问。我看完‘注’，看‘注’也不懂，翻《辞海》，哎，慢慢懂一点，懂一点也不太懂，真难。可惜，我一直跟胃先生就好，胃先生冇走，怕我就懂得多了。——像吃东西，软的先吞了，硬的慢慢嚼……”

“他不仅仅是文学家，还是个很聪明的人，可惜活不到五十岁……”妈说。

“我想，怕也是……”序子低头看书，“千山鸟飞绝，万径人踪灭。孤舟蓑笠翁，独钓寒江雪——不止是可以画一张，还好像自己就是那个‘孤舟蓑笠翁’……”

婆忽然讲话了：

“做文章、作诗其实就是会讲‘巧话’！”

妈、序子还有子厚都看婆——

紧接着讲：

“脑筋不巧，蠢蠢架，写出来冇人看，是不是？”

爸爸淋得一身雪回来了：

“妈，你刚才讲哪样？我听到一点尾巴……”

序子原原本本告诉爸爸。

爸爸看着婆，忘记了抖雪脱罩衣：

“妈，你一个字认不得，几时想出这些话尖尖？我们书都白读了……”

“嗯！”婆一点表情都没有地坐着。

（《无愁河的浪荡汉子》）

儿时上学之路

有文化的父母、二舅，不识字的祖母，全都沉浸在文学之中，活跃在黄永玉的儿时记忆里。

正是在故乡与家庭的这样一种氛围里，黄永玉与众不同的多方面文学能力得以孕育、滋长——他对语言极为敏感，每到一地，他都能很快地掌握当地方言，讲故事时，可以惟妙惟肖地模仿不同人的声音与语气；他的记忆力令人叹服，精于对细节的描述；他擅长观察，尤其对形象、外貌、景物、格局等有出色的把握与描述……

一九五一年，当黄永玉初显创作才华时，作家汪曾祺在香港《大公报》发表文章，认为黄永玉身上具有难得的天赋。由画谈起，又不仅限于此。他写道：“永玉是有丰富的生活的，他自己从小到大的经历都是我们无法梦见的故事，他的特殊的好‘记性’，他的对事物的多情的、过目不忘的感受，是他的不竭的创作的源泉。”（《寄到永玉的展览会上》）黄永玉后来的创作拓展，他在绘画与文学诸领域所取得的成就，生动而丰富地诠释了汪曾祺的这一见解。

儿时上学之路

晚年画自己儿时坐在城墙上

回到当年的小学教室

永玉自述

我有时不免奇怪，一个人怎么会把故乡忘记呢？凭什么把她忘了呢？不怀念那些河流？那些山岗上的森林？那些长满羊齿植物遮盖着的井水？那些透过嫩绿树叶的雾中的阳光？你小时的游伴？唱过的歌？嫁在乡下的妹妹？……未免太狠心了。

故乡是祖国在观念和情感上最具体的表现。你是放在天上的风筝，线的另一端就是牵系着心灵的故乡的一切影子。唯愿是因为风而不是你自己把这根线割断了啊！……

家乡的长辈和老师们大多不在了，小学的同学也已剩下不几个，我生活在陌生的河流里，河流的语言和温度却都是熟悉的。

我走在五十年前（半个世纪，天哪！）上学的路上，石板铺就的路。我沿途嗅闻着曾经怀念过的气息，听一些温暖的声音。我来到文昌阁小学，我走进二年级的课堂，坐在自己的座位上：

“黄永玉，六乘六等于几？”

我慢慢站了起来。

课堂里空无一人。

文学，从诗开始

一九三七年秋天，南方的厦门。十二岁的黄永玉，自家乡湘西凤凰漂泊而来，就读于厦门集美学校。开学之日，穿上校服学生装去照相。照片上的他，头戴学生帽，背手而立，抿着嘴，平视前方，神情显得镇静自如。他给家里寄去照片，同时，还送给弟弟们一首诗：

太阳刚起了光芒
在我的床上
引起我的思潮
我不愿再在人海中彷徨
只要回到我的故乡凤凰
同着我那
永厚、永前、永福、永光
过着顽皮的景象

集美学校开学那天，黄永玉去照相馆照相(左)，右为黄永玉画《无愁河的浪荡汉子》中来到集美学校念书的十二岁的“序子”

手有水不要摸，不然坏了。⑩

当年，由九岁的大弟弟黄永厚向弟弟们朗读这首思乡诗，七十多年后，年过八旬的这位弟弟仍能流畅地背诵它。他甚至说，每次朗诵，都想哭。诗句稚嫩，却非游戏之作，一个漂泊少年的真情告白，有着亲人之间可以充分理解的诗的力量。

这首思乡诗，是迄今为止所知的黄永玉最早的文学作品。

诗歌是黄永玉最早的文学尝试。

据黄永玉在一九九三年的回忆，他在报刊上开始发表诗歌，是在一九四三年左右，约二十岁。

永玉自述

我写诗，时间不短了。现在沈阳作家协会的单复兄，在福建仙游的《闽中日报》宽宏大量地登过我的一首诗《三八那天》和一幅木刻插图。一九四三年左右，在江西信丰县，诗人雷石榆、谷斯范和野曼的《干报》报纸副刊登过我的一首短诗，写但丁在圣三一桥邂逅比雅特丽斯，和我在信丰大桥约会我的女朋友的行为具有相同伟大的意义。题目已经模糊了。我那时候十九、二十岁吧！一下子以为自己是查泰顿，一下子以为自己是拜伦或雪莱，是但丁；更长的时间，以为自己是玛耶诃夫斯基，甚至模仿他寡着嘴、睁大眼睛、脖子上套一条丝围巾照过一张得意了好久的相。

一九四五年、一九四六年在江西上犹《凯报》（在别的文章中提到信丰县的《凯报》，不对！）做美术编辑工作，艾雯编副刊，好像除了木刻之外，我也还写过小说和诗这类的东西向她投稿。

一九四七年《诗创造》封面

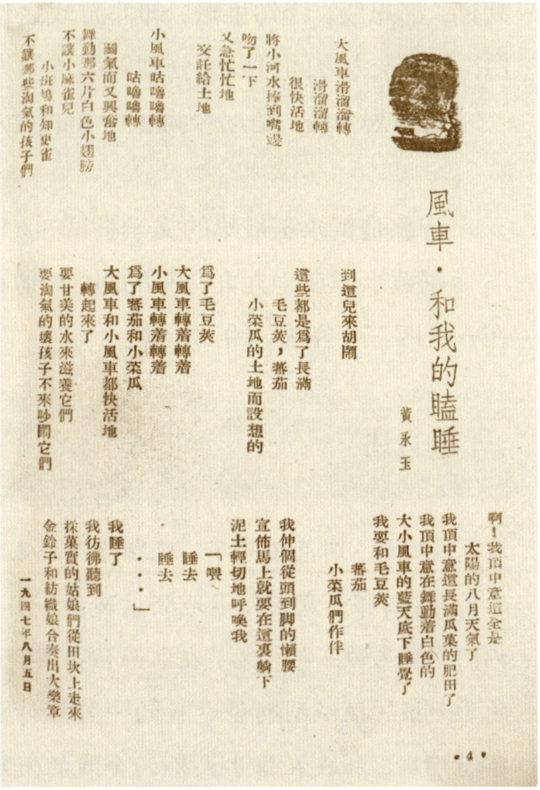

風車·和我的瞌睡

黄永玉

大風車滑溜溜轉
滑溜溜轉
很快活地
將小河水捧到嘴邊
吻了一下
又急忙忙地
交託給土地
小風車咕嚕嚕轉
咕嚕嚕轉
鬪氣而又興奮地
舞動那六片白色小翅膀
不讓小麻雀兒
小斑鳩和知更雀
不讓那些淘氣的孩子們
到這兒來胡鬧

這些都是爲了長滿
毛豆莢，蕃茄
小菜瓜的土地而設想的

爲了毛豆莢
大風車轉着轉着
小風車轉着轉着
爲了蕃茄和小菜瓜
大風車和小風車都快活地
轉起來了
要甘美的水來滋養它們
要淘氣的壞孩子不來吵鬧它們

啊！我頂中意這全是
太陽的八月天氣了
我頂中意這長滿瓜菓的肥田了
我頂中意在舞動着白色的
大小風車的藍天底下睡覺了
我要和毛豆莢
蕃茄
小菜瓜們作伴

我伸個從頭到脚的懶腰
宣佈馬上就要在這裏躺下
泥土輕切地呼喚我
「噢
睡去
睡去
· · ·」
我睡了
我彷彿聽到
採菓實的姑娘們從田坎上走來
金鈴子和紡織娘合奏出大樂章

一九四七年八月五日

·4·

早期发表的诗歌《风车和我的瞌睡》

黄永玉提到的上述诗歌，暂未查阅到。目前已发现的早期公开发表的诗歌有三首。其一，《风车和我的瞌睡》，三十余行，一九四七年八月创作于上海，同年九月发表于诗人曹辛之在上海主编的《诗创造》丛刊之三《骷髅舞》；其二，反映香港电车工人罢工事件的长诗《无名街报告书》，二百余行，一九五一年十二月创作于香港，以整版篇幅发表于一九五二年一月十五日香港《文汇

木刻《风车》，一九四六年

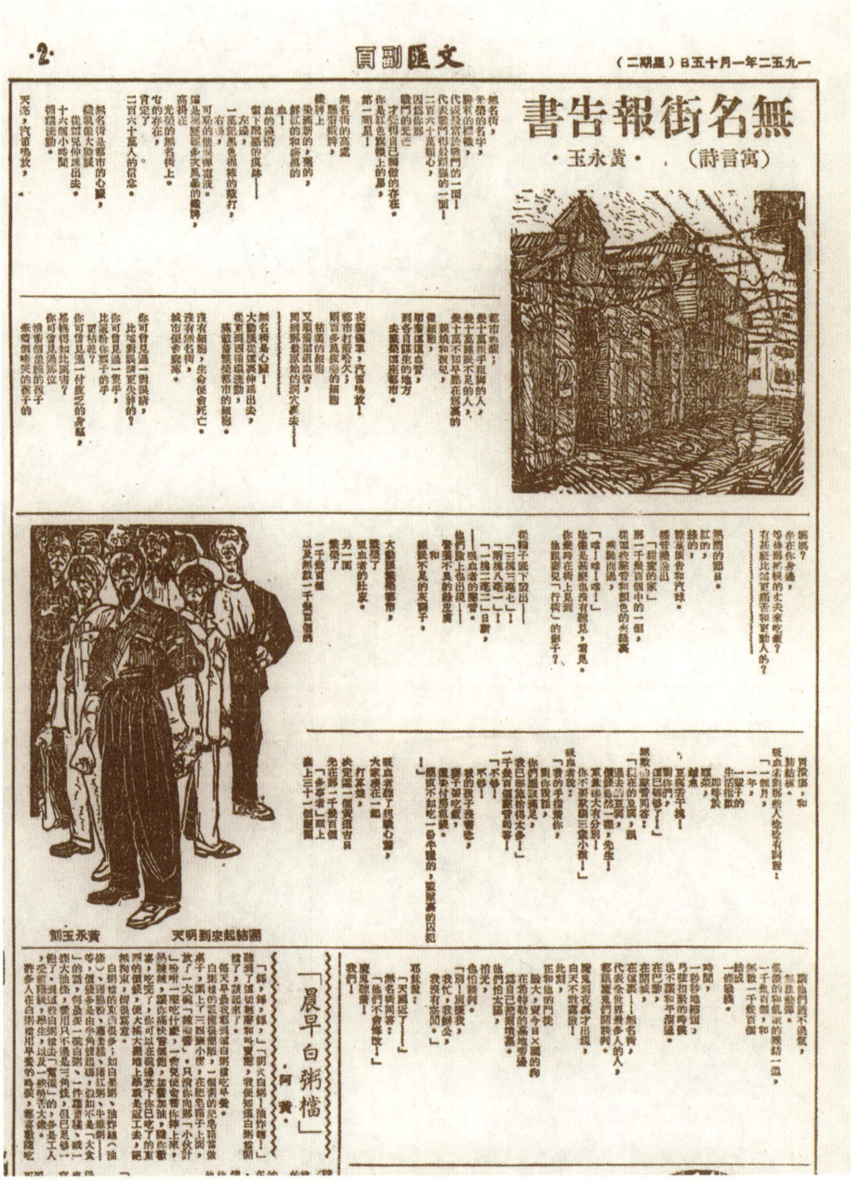

·2· 文匯副頁 一九五一年十月五日（星期二）

無名街報告書

（寓言詩）·黃永玉·

團結起來到明天 黃永玉刻

晨早白粥檔 ·阿黃·

长诗《无名街报告书》发表于一九五一年香港《文汇报》

五十年代初期在香港时

报》副刊；其三，与《无名街报告书》同期，发表与罢工事件相关的另一首诗《一定再见》。

从诗开始，黄永玉早期的文学尝试随之扩展至电影剧本、散文、文艺随感等不同体裁。并且，这一尝试，又主要集中于一九四七年至一九五三年的六年。

六年时间里，黄永玉辗转于上海、福建、台湾、香港等地，并于一九四八年定居香港。在此期间，以木刻创作开始活跃于美术界的黄永玉，与文学界有着广泛交往。在政治选择和思想倾向上，他属于左翼文学圈，与楼适夷、聂绀弩等中共地下党员保持着密切往

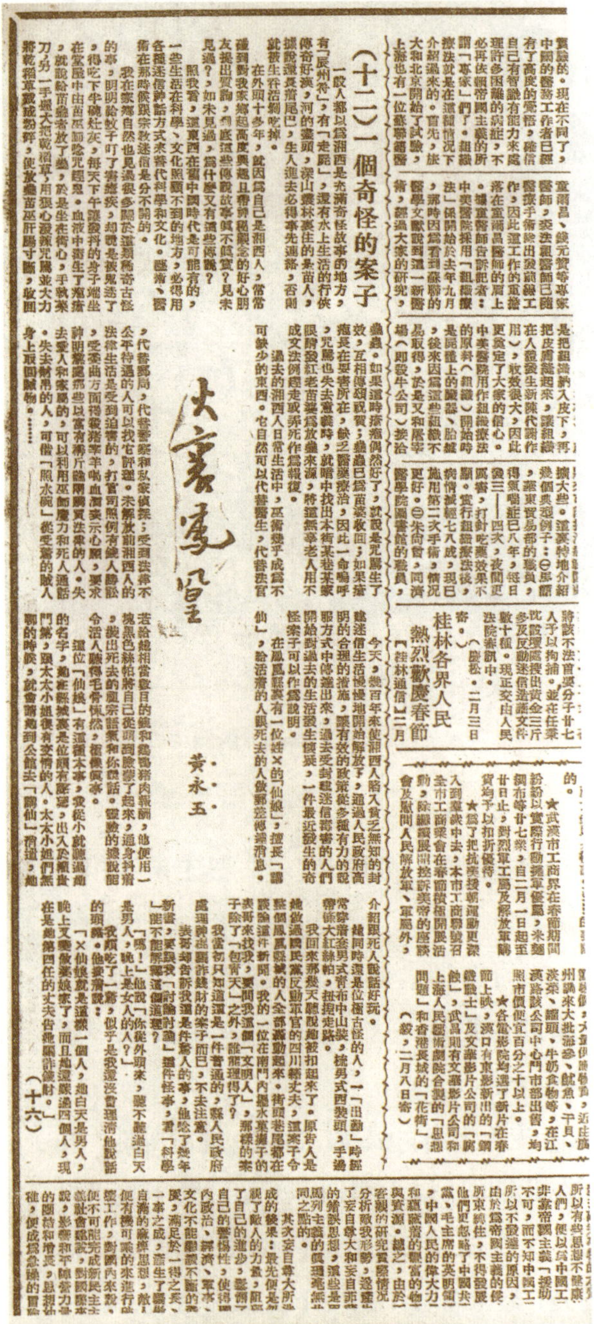

火裏鳳凰

黃永玉

（十二）一個奇怪的案子

桂林各界人民熱烈歡慶春節

《火里凤凰》版面之一

上海文汇出版社结集出版《火里凤凰》

来，在创作题材的选择上也受到一定影响。与此同时，由于沈从文是其表叔，黄永玉又与沈从文、萧乾等被视为“第三条道路”的所谓“反动文人”有着良好关系，在文学品位和风格取向上，受到他们的影响。除上述作家之外，还可以轻易再列举出一长串与他来往密切、相互影响的作家、诗人、编辑，如臧克家、端木蕻良、黄裳、汪曾祺、陈敬容、司马文森、罗承勋（罗孚）……可以说，开始文学尝试的黄永玉，得天独厚地拥有了一个“谈笑有鸿儒，往来无白丁”的文学氛围，如鱼得水，畅游其中。

几乎与发表诗歌的同时，黄永玉便开始了散文写作。一九四八年从台北抵达香港后，他发表了散文《台湾归来记杨逵》。一九五〇年，他回湘西旅行，为香港《大公报》撰写长篇游记《火里凤凰》在副刊连载，集旅行观感、故乡记忆、人物特写于一体，可谓早期创作中最为重要的散文作品。

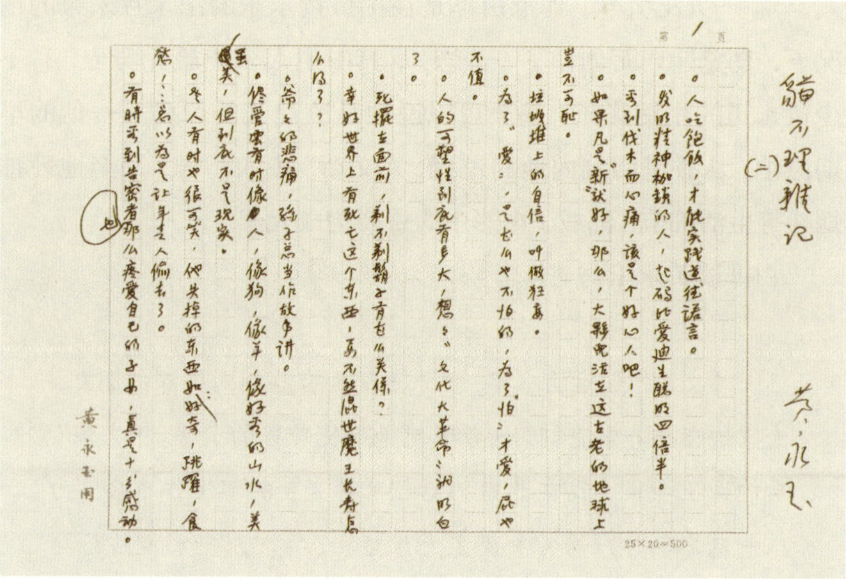
貓不理雜记（二） 黄永玉

第 1 页

。人吃饱饭，才能实践道德语言。
。戴着精神枷锁的人，起码比爱迪生聪明四倍半。
。看到伐木而心痛，该是个好心人吧！
。如果凡是“新”就好，那么，大熊猫活在这古老的地球上岂不可耻。
。垃圾堆上的自信，叫做狂妄。
。为了“爱爱”，是什么也不怕的，为了“怕怕”才爱，屁也不值。
。人的可塑性到底有多大，想想“文化大革命”就明白了。
。死摆在面前，剃不剃胡子有什么关系？
。幸好世界上有死亡这个东西，要不然混世魔王长寿怎么得了？
。爷爷的悲痛，孙子总当作故事讲。
。修养有时像人，像狗，像羊，像好看的山水，美，但到底不是现象。
。老人有时也很可笑，他失掉的东西如好奇，跳跃，食欲……总以为是让年青人偷去了。
。有时看到告密者也那么疼爱自己的子女，真是十分感动。

黄永玉用

25×20=500

《猫不理杂记》手稿之一

电影，匆匆来去

黄永玉与电影的密切关系，众所周知的是“文革”刚刚结束时那场著名的“《苦恋》风波”（搬上银幕时《苦恋》改名为《太阳与人》）。一九七九年，作家白桦是在拍摄黄永玉的纪录片未果的情况下，改变计划而创作了《苦恋》，其中主人公凌晨光身上，有不少黄永玉的生活影子，甚至可以说他是凌晨光的原型——他的早期漂泊，从香港回到内地的过程，“文革”中的磨难，乃至他爱抽烟斗等生活细节，都成了电影中的重要构成元素。

白桦谈黄永玉与《苦恋》：

“文革”最后的一年，黄永玉周围有些相知很深的朋友，大家的交往非常密切。所以我对他有比较多的了解。“文革”后的两三年间，我在北京为话剧《曙光》的演出作准备，为八一电影制片厂写《今夜星光灿烂》，为北京电影制片厂写《孔雀公主》。当时导演彭宁就提出请我写一部关于黄永玉的

《苦恋》电影的分镜头剧本

电影《苦恋》剧照

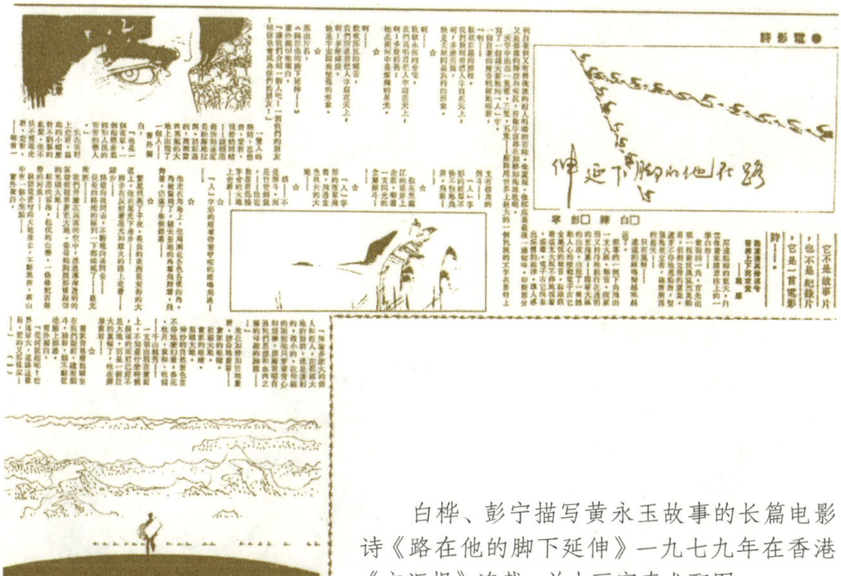

白桦、彭宁描写黄永玉故事的长篇电影诗《路在他的脚下延伸》一九七九年在香港《文汇报》连载，并由画家秦龙配图

纪录片的脚本，我立即就答应了，连访问都没有做，就写了一个纪录片的脚本。这个脚本《路在他的脚下延伸》很快就在香港《文汇报》发表了。严格说起来，这个作品没有故事，也不是一个传记片，全都是黄永玉平常和我们接触时谈到的一些事情，他的过去，他的观点，是按照一首电影诗来做的。写完以后，我给黄永玉全家读这个剧本，他们也为之动容。

一九五二年，黄永玉在《长城画报》上发表“影人素描”

《儿女经》中饰演小画家虎儿的黎小田

影星石慧

影星夏梦

其实，一九五〇年前后旅居香港时，作为木刻家的黄永玉，早就与电影结下了不解之缘。

自一九五〇年起，到一九五三年离开香港前往北京定居，三年多时间里，黄永玉在为《大公报》和《新晚报》的副刊担任业余美术编辑之外，其专职工作是在长城电影公司担任编剧。他编写剧本，其中，喜剧《儿女经》被拍摄成电影，女明星石慧因在该片的出色表演而当选为最佳女演员；他还参与编辑《长城画报》，用文字丰富自己的文艺创作，更用画笔为那一时期的香港风景和文化风情留下了形象记录。

黄永玉在第一阶段最有广泛影响的作品，是他的电影创作。一九五一年，黄永玉在香港为长城电影公司创作两部电影剧本：

談兒童演員
編劇者言
兒女經的由來
黃苗

黄永玉在《长城画报》上发表创作体会《儿女经的由来》

《长城画报》发表的《儿女经》电影小说

《儿女经》和《海上故事》。其中《儿女经》拍摄成功并公映。《海上故事》剧本已完成，在酝酿拍摄时，因导演费穆的突然病逝而夭折。

《儿女经》（编剧署名黄笛）是一部喜剧影片，系黄永玉以友人唐人（《金陵春梦》一书作者）的家庭生活为素材而创作。一九五二年六月，《长城画报》第十七期出版了“《儿女经》专号”，其中这样界定《儿女经》：“长城电影制片公司最新巨献，现实、动人、教育、讽刺、轻松喜剧。”该片制片人袁仰安，导演陶秦，主演苏秦、龚秋霞、石慧、黎小田等。《儿女经》于一九五三年圣诞节期间开始在香港及东南亚地区公映。据相关史料介绍，该片及长城公司另一部在春节期间公映的影片《蜜月》，大获成功，同期上映的所有西片和国产片的售座纪录，都被这两部片子断然压倒，港九的首轮影院和海外各地的片商更因此而纷纷向长城要求获得其他新片的放映权。一位研究香港电影的专家，曾这样谈到《儿女经》的历史影响：“影片《儿女经》是‘长城’将社会写实与伦理主题成功结合的王牌之作，影片在一对夫妇含辛茹苦养育七个孩子的家庭故事中设计了众多充满生活趣味的精彩细节，以情动人，真实朴素，并细腻传达出社会生存和家庭教育的主题。”（《香港左派电影公司的历史演变》，张燕，原载《电影艺术》二〇〇七年第四期）

永玉自述

写这部戏的动机是来自我一位好友身上，一天到晚吵个不休，前因后果，未始不是一个复杂的社会问题？我想，弄一部以孩子教育问题为中心的戏出来一定蛮有意思的，就大胆向袁老总和一些友好提出来。

经过他们的研究结果，我得到一个十分值得感激的鼓励，我说我根本不懂得戏是怎么写的，但他们却任我怎写就怎写，还特别麻烦陶秦兄做我的私人教师，从ABC来起，教我怎样分段分场，这样那样，我非常感激他，使我除了完成一部不像话的脚本之外还多了一门没“满师”的手艺。

我写的是我亲近的朋友，有名有姓的人，他是一位有才能和值得尊敬的新闻工作者，有些地方，在感情上我无法不入迷地原原本本把他的真实生活借用过来，比如，他的阶层属性——思想生活、经济状况、文化水平……——我几乎没有改动，他的全家的一切在我写这部戏的时候占着很重要的分量。

《儿女经》的电影剧本已无从寻找，但黄永玉在《长城画报》以“电影小说”名义发表的《儿女经》，仍留下了这一早期重要作品的印记，从中可看出他讲述故事和描写细节的能力。

插图——为文学插上美术的翅膀

文学与美术的联姻，是黄永玉早期创作中值得关注的一大特点。

如果将同一时期黄永玉的文学作品与美术作品放在一起综合考察，不难发现，他已经表现出强烈的将文学与美术融为一体的创作意识。作为一名艺术家，黄永玉的美术起步与诗人、作家密不可分，其早期的不少木刻作品，均是为诗、小说而创作的插图，如贺宜的童话，沈从文的《边城》等小说，范泉的童话故事《神灯》，李白凤、彭燕郊、臧克家、陈敬容等人的诗歌，司马文森的长篇小说《南洋淘金记》，端木蕻良的《狗爬径山歌》连载……自鲁迅热情推动中国现代木刻运动之日起，木刻与现实生活、与作家的创作活动，相辅相成，一直保持着亲密关系，黄永玉将这一传统承继而发扬光大。

后来，进入二十世纪五十年代，黄永玉继续为冯雪峰、叶圣陶、严文井、梅溪等人的童话，汪曾祺小说，阿诗玛民间传说，郭沫若诗歌、艾青诗歌等一系列文学作品创作大量插图。现代木刻家几乎都曾为文学作品创作过插图，但是，恐怕没有一位木刻家能够

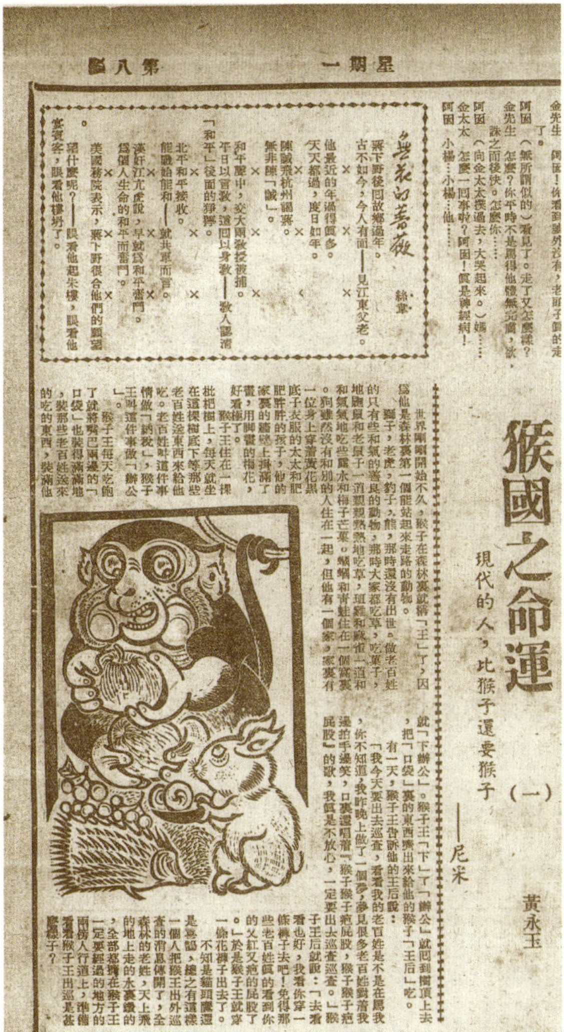
第八版　星期一

無花的薔薇

猴國之命運（一）

現代的人，比猴子還要猴子

——尼米

黃永玉

《猴国之命运》第一期版面

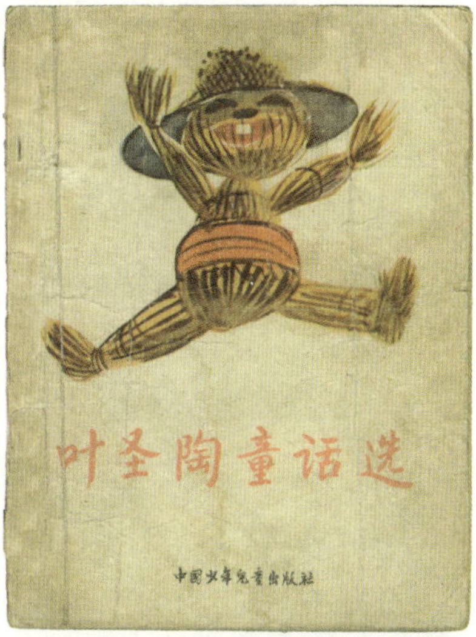

为叶圣陶的童话设计的封面

像黄永玉这样与作家们保持如此长期、频繁的互补性，使文学沃土上绽放出艺术之花。

早在黄永玉举家离开香港之前，沈从文曾于一九五〇年九月十二日致信黄永玉、梅溪夫妇。沈从文得知他们已有计划到北京生活，为之兴奋。他说，愿意将自己的经验传授给黄永玉，还为他们两位从文学和艺术两方面设计发展方向，鼓励他们以自己的创造而尽快融入新的社会。他这样写道：

> 读你们的来信，说到将来会来北京住下去，我是如何高兴！趁我头脑还能得用时来，有些对于工作的本质理解，有些看法，有些未能完成的理想，有些具发展性和延续性的工作经验，一定会对于永玉有用处的。
>
> ……
>
> 永玉将来还得到东北去走走，西北走走，看看云冈、敦煌和黑龙江的黑土，鞍山大铁矿，以及内蒙古包中的大小蒙古人，这一切对你们都需要，学画和文学全需要。可得先有个准备条件，即把身体弄好。你们两人都得在健康上也努点力。
>
> （沈从文致梅溪，一九五〇年九月十二日）

如同沈从文之前在信中所建议的，黄永玉从香港归来不久，他几度走进东北大兴安岭森林，扎扎实实地一住就是几个月，在伐木工人之间体验生活，创作反映森林生活的木刻作品。他又走进荣宝斋，向老艺人学习传统套色木刻工艺，之后，他到云南少数民族山寨采风，一住又是几个月，最后为长诗《阿诗玛》创作出一组套色

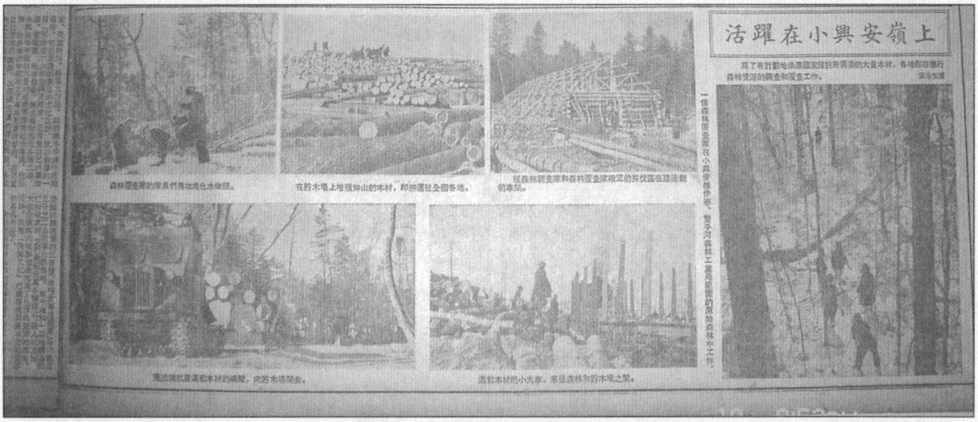

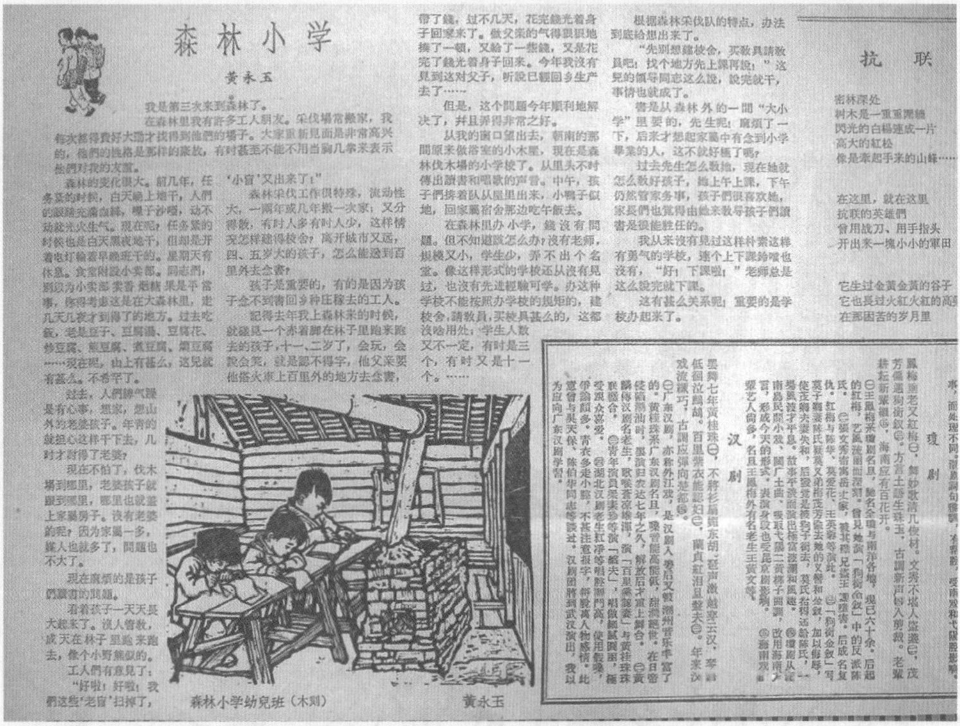

森林小学

黄永玉

我是第三次来到森林了。

在森林里我有許多工人朋友。采伐場常搬家，我每次都得費好大勁才找得到他們的場子。大家重新見面是非常高兴的，他們的性格是那样的豪放，有时甚至不能不用当胸几拳来表示他們对我的友誼。

森林的变化很大。前几年，任务紧的时候，白天晚上地干，人們的眼睛充滿血絲，嗓子沙啞，动不动就光火生气。現在呢？任务紧的时候也是白天黑夜地干，但却是开着电灯輪番早晚班干的。星期天有休息。食堂附設小卖部。同志們，別以为小卖部卖香烟糖果是平常事，你得考慮这是在大森林里，走几天几夜才到得了的地方。过去吃飯，老是豆子、豆腐湯、豆腐花、炒豆腐、煎豆腐、煮豆腐、爛豆腐……現在呢，山上有甚么，这兒就有甚么。不希罕了。

过去，人們鬧气躁是有心事，想家，想山外的老婆孩子。年青的就担心这样干下去，几时才討得了老婆？

現在不怕了，伐木場到哪里，老婆孩子就跟到哪里，哪里也就蓋上家屬房子。沒有老婆的呢？因为家屬一多，媒人也就多了，問題也不大了。

現在麻煩的是孩子們讀書的問題。

看着孩子一天天長大起来了。沒人管教，成天在林子里跑来跑去，像个小野熊似的。

工人們有意見了：

"好啦！好啦！我們这些'老盲'扫掉了，'小盲'又出来了！"

森林采伐工作很特殊，流动性大，一兩年或几年搬一次家；又分得散，有时人多有时人少，这样情况怎样建得校舍？离开城市又远，四、五岁大的孩子，怎么能送到百里外去念書？

孩子是重要的，有的是因为孩子念不到書回乡种庄稼去的工人。

記得去年我上森林来的时候，就碰見一个赤着脚在林子里跑来跑去的孩子，十一、二岁了，会玩，会說会笑，就是認不得字，他父亲要他搭火車上百里外的地方去念書，带了錢，过不几天，花完錢光着身子回家来了。做父亲的气得狠狠地揍了一頓，又給了一些錢，又是花完了錢光着身子回来。今年我沒有見到这对父子，听說已經回乡生产去了……

但是，这个問題今年順利地解决了，并且弄得非常之好。

从我的窗口望出去，朝南的那間原来做浴室的小木屋，現在是森林伐木場的小学校了。从里头不时傳出讀書和唱歌的声音。中午，孩子們排着队从屋里出来，小鴨子似地，回家屬宿舍那边吃午飯去。

在森林里办小学，纔沒有問題。但不知道該怎么办？沒有老师，規模又小，学生少，弄不出个名堂。像这样形式的学校还从沒有見过，也沒有先进經驗可学。办这种学校不能按照办学校的規矩的，建校舍，請教員，买校具甚么的，这都沒啥用处；学生人數又不一定，有时是三个，有时又是十一个。……

根据森林采伐队的特点，办法到底給想出来了。

"先別想建校舍，买校具請教員吧；找个地方先上課再說！"这兒的領导同志这么說，說完就干，事情也就成了。

書是从森林外的一間"大小学"里要的，先生呢！麻煩了一下，后来才想起家屬中有念到小学畢業的人，这不就好極了嗎？

过去先生怎么教她，現在她就怎么教好孩子，她上午上課，下午仍然管家务事，孩子們很喜欢她，家長們也覺得由她来教导孩子們讀書是很能胜任的。

我从来沒有見过这样朴素这样有勇气的学校，連个上下課鈴噹也沒有，"好！下課啦！"老师总是这么說完就下課。

这有甚么关系呢！重要的是学校办起来了。

森林小学幼兒班（木刻）　黄永玉

抗　联

密林深处
树木是一重重屏障
闪光的白杨連成一片
高大的紅松
像是牵起手来的山峰……

在这里，就在这里
抗联的英雄們
曾用战刀、用手指头
开出来一塊小小的軍田

它生过金黄金黄的谷子
它也長过火紅火紅的高粱
在那困苦的岁月里

刚刚来到北京的黄永玉，真的如沈从文所建议的，去了东北小兴安岭森林，并率先以人民日报特约记者的身份，在《人民日报》上发表一组摄影照片，后来，又陆续发表相关文章

五十年代，黄永玉为梅溪的童话集《在森林中》设计的封面及插图

阿诗玛插图——吹口弦

阿诗玛插图——织布

"阿诗玛"是我国云南少数民族（彝族）撒尼人口头流传的一部叙事长诗……这里的十幅套色木刻是著名木刻家黄永玉为诗篇所作的插画。作者运用优美而富有抒情味的线条和色彩，出色地描绘了诗中人物形象和故事情节；作品充满了诗的意境和情调，并具有清新独特的风格，发表后深得读者的称赞和喜爱。现在我们把它印成画片单独出版，供爱好美术的朋友们研究、欣赏。

——朝花美术出版社编辑室

木刻插图，这些作品，堪称黄永玉五十年代的艺术代表作。因此，可以说，来到北京的最初几年间，黄永玉的主要精力都用在长时间的民间采风与艺术的提升之上。正是有了这几年的全身心投入与努力，他的木刻艺术提升到了一个新的境界。同时，在与中央美院教员群体的交流、切磋过程中，他开始拓展艺术领域与视野，积累素描、油画、中国画等不同样式的创作经验，为日后自己艺术创作的转型，奠定了坚实的基础。于是，在文学的沉寂之外，我们看到的，是黄永玉艺术活动的频繁与艺术水准的提升。

上世纪六十年代木刻代表作之一《葫芦信》

上个世纪五十年代初，黄永玉先生离开香港，携家定居北京。随后，他所做的一项颇具意义的事情，是到荣宝斋向老艺人学习木版水印技术。这一次他向传统工艺的取经，直接的成果就是为彝族撒尼人民间叙事长诗《阿诗玛》创作了一组套色木刻插图。许多年过去，美丽的套色木刻阿诗玛形象，已成为当代中国美术创作的佼佼者之一。

叙事长诗《阿诗玛》当年风靡全国，六十年代杨丽坤出演电影《阿诗玛》，更使“阿诗玛”的名字成了美丽的代名词。

由黄永玉配图的《阿诗玛》一书版本多种，除中文版之外，另有少数民族文字版本和外文版本。我先买到的是外文出版社一九八一年再版的英文精装版（初版为一九五七年版）。

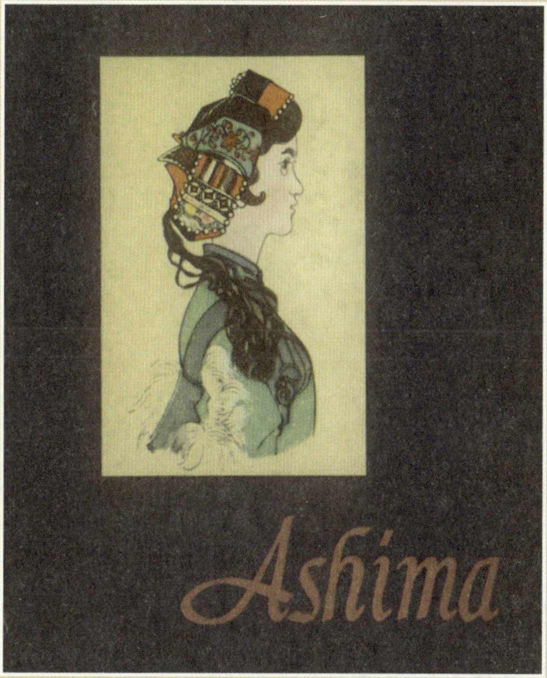

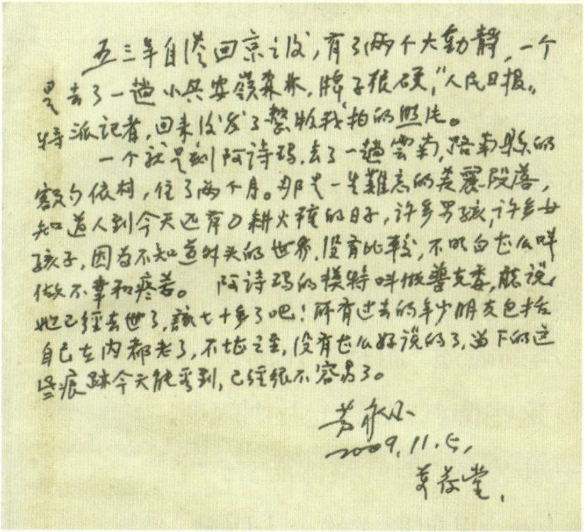

五三年自港回京之后，有了两个大动静，一个是去了一趟小兴安岭森林，牌子很硬，"人民日报"特派记者，回来后发了一整版我拍的照片。

一个就是刻阿诗玛，去了一趟云南，路南县的额勺依村，住了两个月。那是一生难忘的美丽段落，知道人到今天还有刀耕火种的日子，许多男孩，许多女孩子，因为不知道外头的世界，没有比较，不明白甚么叫做不幸和疼苦。阿诗玛的模特叫做普支委，听说她已经去世了，该七十多了吧！所有过去的年少朋友包括自己在内都老了，不堪之至，没有甚么好说的了，留下的这些痕迹今天能看到，已经很不容易了。

黄永玉
2009.11.5，
万荷堂

英文版《阿诗玛》及黄永玉为李辉藏书题跋

永玉自述

五三（一九五三）年自港回京之后，有了两个大动静，一个是去了一趟小兴安岭森林，牌子很硬，"人民日报"特派记者，回来后发了一整版我拍的照片。

一个就是刻阿诗玛，去了一趟云南，路南县的额勺依村，住了两个月。那是一生难忘的美丽段落，知道人到今天还有刀耕火种的日子，许多男孩，许多女孩子，因为不知道外头的世界，没有比较，不明白甚么叫做不幸和疼苦。阿诗玛的模特叫做普支委，听说她已经去世了，该七十多了吧！所有过去的年少朋友包括自己在内都老了，不堪之至，没有甚么好说的了，留下的这些痕迹今天能看到，已经很不容易了。

“五七干校”的情诗

黄永玉离开旅居六年的香港，是在一九五三年春天。在表叔沈从文等前辈的建议和鼓励下，他决定回到内地，投身新生活。他携妻子和一岁的儿子，告别香港，定居北京，随之进入中央美术学院任教。从此，他全身心投入新生活，以美术教育为职业，以美术为主要创作形式，文学创作则渐行渐远。

据目前所搜集的情况，在由“尝试”转为“沉寂”的十年时间里，黄永玉公开发表的文学作品极其有限，总数不超过二十篇，且主要为散文、美术短评。这些作品，尚有一种依然故我的表达习惯。在《森林小学》、《森林的黄昏》、《两张照片的故事》等散文中，没有多少陈词滥调，也不喜欢用成语之类的表述，而是重在场景、对话的勾勒渲染，文章简约生动而清新，这些特点，如吉光片羽闪现，许多年之后，在他的创作中得到了进一步发挥。但就整体而言，“沉寂”的黄永玉不再如“尝试”时那样活跃，早期形成的令人眼睛一亮的美术与文学结缘的特点，也仅仅限于为他人的作品配插图，而

五十年代末的一家人

非激发自己的文学写作。

浅尝辄止——这便是黄永玉在“尝试”之后转入“沉寂”的文学状态。

“潜在写作”是一个转折，或者说，一次有意无意之间的文学亮相。

一九七〇年十二月，人在“五七干校”的黄永玉，偷偷完成了历时多日的一首长诗：《老婆呀！不要哭——寄自农场的情诗》。

《老婆呀！不要哭》，计二百多行。如作者本人所说，在生活极其艰难而前途难卜的日子里，他借重温爱情往事，充实内心，让自己的情感不至于在生活的无奈中变得枯萎。孔子在《论语》中说“诗，可以兴，可以观，可以群，可以怨。”诗论者也常爱说：“愤怒出诗人。”身在“五七干校”的黄永玉，在经历“文革”初期的批斗之后，下放到“干校”劳动虽然艰苦，但也相对少了干扰，反倒

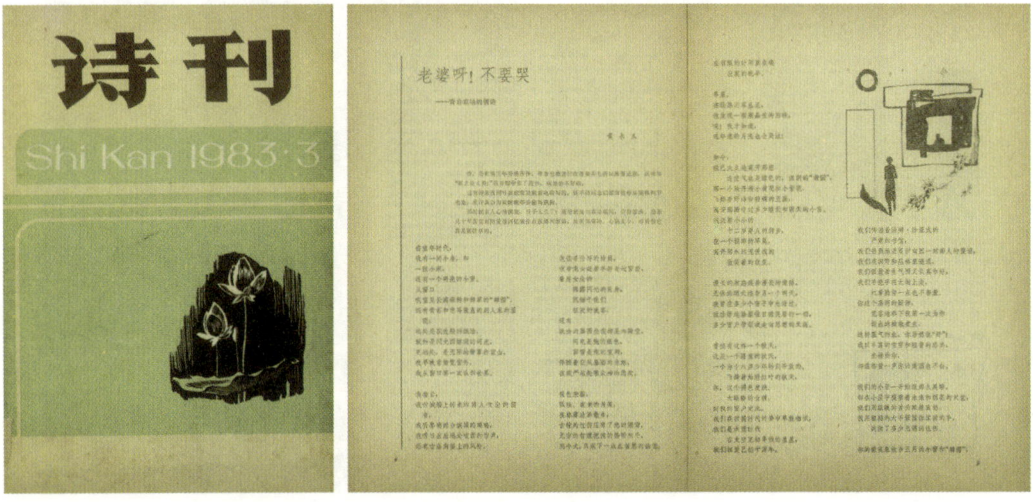

一九八三年长诗《老婆呀！不要哭》在《诗刊》发表

一九四九年梅溪摄于香港

获得暂时的喘息。在此情形之下，郁积于心的诸般愤懑、不解、无奈，找到了以诗怀旧、以诗抒怀的方式。重要的是，他在记忆中挖掘生活的诗意，恰是面对现实生活的压抑、政治氛围的高压，寻找到文学的摆脱与化解。因此，可以说，与文学史上众多优秀作家的写作一样，黄永玉以“潜在写作”方式创作《老婆呀！不要哭》，真正是为情所驱，为思所动。在“干校”简陋的平房里，黄永玉躲在被窝里用手电筒光束照亮稿纸，写下这首长诗。这光束，也是晦暗生活里的一束心灵之光，它再次照亮诗的神圣，照亮文学道路上令人神往的景象。在特殊情境下，黄永玉重新踏上诗歌之旅——

我看云，
我听城墙上传来的苗人吹出的笛音，
我听黎明时分满城的鸡鸣，

我听日出后远处喧闹的市声，
还有古庙角楼上的风铃。
……
我们的小屋一开始就那么黑暗，
却在小屋中摸索着未来和明亮的天堂，
我们用温暖的舌头舔着哀愁，
我用粗糙的大手紧握你柔弱的手，
战胜了多少无谓的忧伤。
……

这是一首情感真挚、节奏富于变化的长诗。黄永玉喜欢阅读和欣赏十九世纪俄罗斯、英国诗人，在这首诗中即可以看到普希金

六十年代初期的一家人

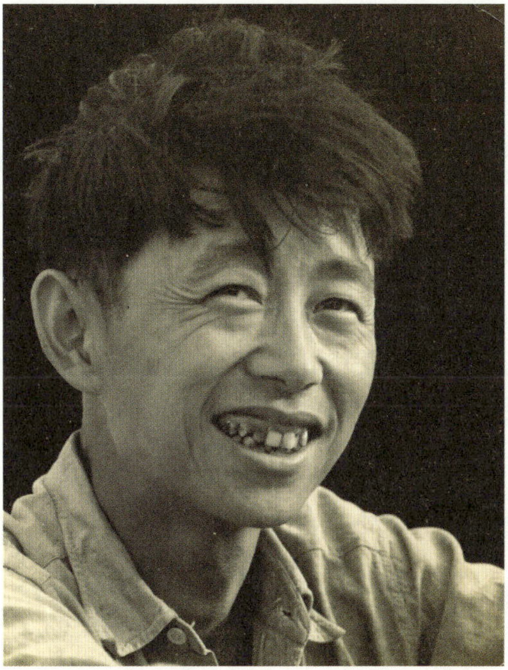

六十年代的黄永玉

等诗人对他的影响。在“文革”的日子里，他以诗赞美爱情，也是借此与外国经典作家对话。他的诗，没有五十年代以来政治抒情诗的痕迹，更无色彩强烈的流行的政治词汇，相反，诗中出现的，是青苔、笛音、鸡鸣、风琴；是月亮、露珠、小船、秋霜；是彭斯、汤姆·索亚、波希米亚……写作《老婆呀！不要哭》时，诗人超越于外界纷扰，回到内心的浪漫，营造诗意的纯净。感伤却不悲观，爱情的反复吟唱中，生发出面对苦难的坚毅、自信与乐观。如果将这首诗与郭小川同期也在“干校”创作的《团泊洼的秋天》等诗比较，即可发现彼此之间的情感把握与诗意渲染的明显差异。

《老婆呀！不要哭》的写作，是“五七干校”期间文学在黄永玉生活中的复苏。除此首长诗之外，他同期还创作了另外一首二百多行的叙事长诗《喂鸡谣》。与《老婆呀！不要哭》风格完全相反，《喂鸡谣》为七言打油诗体裁，几乎不带政治色彩，不用报章术语，而纯以幽默、调侃风格反映“干校”日常生活，在艰辛的日子里发掘自我调节的喜剧色彩。

从此，他一直没有停止过写诗，即便在动荡的日子里——

一九七四年，在“黑画事件”中受到批判后，他回到湖南躲避风雨。在家乡，他先后写作《平江怀人》、《一个人在院中散步》等诗，以隐晦表述，写对因“庐山会议”而遭贬黜的彭德怀的怀念，写严峻凄冷下的一种乐观……

一九七六年，北京发生因悼念周恩来而爆发的“四五事件”，黄永玉曾前去天安门广场，之后，他写下《说是从丰台来的》、《老夫妇》、《老兵》、《哭泣的墙》、《邂逅》等，以诗的形式记录历史突发事件，抒发现实忧患。

“文革”结束后不久，黄永玉将笔记本上偷偷写下的这些诗歌，挑选若干，交由《诗刊》发表。另有部分作品，依然在笔记本上沉睡着，未能发表。

黄永玉以自己的“潜在写作”，为当代文学史的研究提供了一个重要的有着丰富内涵的范例。同时，他以此表明，此生注定拥抱文学。十余年的“潜在写作”，也是一次庄严的、毫无功利目的的文学预演。它预示着，“文革”结束之后，黄永玉将拥有清醒的、雄心勃勃的文学自觉，“大器晚成”的他，收获季节如期而至。

永玉自述

诗，是农场三年劳动所作。带着包袱进行改造如吞丸药以浓茶送服，虽明知“医之道大矣！”积习却中和了药性，病是治不好的。

这首诗是夜间弓在被窝里照着电筒写的。怪不得同志们惊讶我每星期换两节电池，或许真以为我每晚都去偷鸡摸狗。

那时候家人心情懊丧，日子太长了！展望前途如雾里观河，空得澎湃。启用几十年前尘封的爱情回忆来作点鼓舞和慰藉，虽明知排场、心胸太小，却祈望它真是能济事的。

永玉自述

“文化大革命”期间，全学院的教职员工被送到农村劳动，由解放军看管。每天扛着农具，排成队，来回于宿舍和农场走三十二华里，三年。

不准画画，也不可能画画。但大家见到北方平原的春夏秋冬、落日、晨雾、星空，见到春树上的嫩芽，夏日泽地为风吹动的茂草，迎着太阳的向日葵，薄雾缭绕的秋山，排成人字的、遥遥的秋雁……你不想画画？想，但不敢。于是心胸里一幅幅作品排列、重叠着，秘藏起来。跟知心的朋友讨论那一点点“将来”。

永玉书简

和你谈谈文学好吗？你的诗，不好；文，有巧无气，要打点气（这气是中医的气功的气，不是空气的气），原因：缺乏构思上的延

“干校”时期黄永玉致李宝瑞书信

续力，你老是像闪光灯似的运用文字。一句一个意思，没有把造句耐心地用三两句或一小段宣叙得从容些。我爱人说你有存在主义余波，可能是也可能不是。保罗·萨特的文章也不是这么个写法。他是严谨的，貌似散淡，结构却极严谨。你的文字和构思在浮面，叮叮当当，所以第一封信几乎吓了我一跳，以为是个疯子的来信。当然，对于这类疯子，我是比较能理解的，但并不是写上就拿得准，所以看了你本人之后，我想，你比你的画要深刻，而你的画可以当你的文章的爷爷，起码如此。有你这样的文体的。晚明有几个这种出色文体的大师，如张岱、袁中郎……（陈老莲即作过张家的食客）魏晋六朝的文风也颇有这种神韵。当然，汉唐文章在文章中也算不了大手笔！春秋战国的那些东西你碰碰看，那才令人惊讶于当时文采的成熟！

……

这一切，都是为了你好，既然三十了，不提高质量不行！用玩的态度对待文字不行！要知道，舞台的打趣丑角，没有一个不是在后台特别严肃的。之所以马戏团的丑角的功力最难的学问就在这里。团里所有的表演他都得会，并且还要精通，否则他做不出颠三倒四的同样的表演来。如果只有那一点滑稽，而缺乏里头的东西，那一点严肃性、刻苦性，变成真轻松，可就害了。

……

孩子讲故事，十分教人感动，我也有不少这样的来往者，你这样做有益处，使你永远不会负义于那一点童心，这东西是可以医治创伤的。一个朋友的孩子给我讲故事，开头他说："从前有一个雨……"真是妙透了。

……

不管怎样，我每天都读着十分有趣的好书，我总带着一点这类的书。只是和三个高足在一个屋，他们马不停蹄地用山东、河南、湖南土腔唱革命样板戏，或革命歌曲，音量极大，音色也极富变化，而明显的存在是要我欣赏的，将近一个半月，我是百分之百地淹没在这种艺术生活之中。用一句北方话，可真是"吃饱喝足"了。所以要想白天看书，是不可能的。有时我也动怒，说工作时不要唱什么，他们说"以前的老师让唱的，他们自己也唱"。我说："说定了！我上课时要认真工作，不要唱！"现在不唱了，工作得比较集中，但大声说话。我无法现在用文字告诉你们，世界上有一种语言要用这么大的嗓子才表达得出来！尤其是在只能排得下四张床的小屋内。

天气已凉了，有一天下雨，我想到四十年代苏联诗人的几句写得很好的诗："等待我吧！当一切人都不再等待的时候。等待着我吧！

即使这连绵的秋雨。”这是卫国战争年代里的诗，这诗人已经是个混蛋，当时还是个了不起的好角儿的。

……

关于书，我最近借了一本破极了的《赤道环游记》，美国马克·吐温著，这老家伙老有两下，复杂，诡秘，思想活跃得了不得，认真地看，逐字逐句地吃，要两个十年，看这种书，有一种又烫又饿吃元宵的感觉。你们，就这么穷？连一个子儿的书也没有？真没人带一点书来吗？我的天！

这里年轻人也没书，乏味，说的话不单缺叶绿素，连纤维也没有，难得说这么一种故事：

“一只小船，坐许多人，谁放了屁，十分臭，大家逐个追问，一女青年面红耳赤，看看问到身边。一男青年明知是女青年放的，却奋勇站起来说：‘我放的！对不起！’有人招认，大家也就算了。这女青年很感激男青年，后来……他俩结婚了。”

谁都会为这故事的贫乏而伤心地笑痛肚子。

——黄永玉致李宝瑞

永玉书简

奉上拙诗一首，是类乎劳改的那三年的第一年写的，诗刊朋友问我要近作，而目下毫无诗意舒（抒）发，将信将疑从匣中取出这首给他看，却说好。人受称赞总是高兴。但这诗不是好，是公开的私事满足了人的好奇心而已。不过我老婆是衷心快意的，等于手臂上刺着牢不可破的对她的忠贞，让所有的朋友了解我当了三十六年的俘虏的确是心甘情愿。歌颂老婆的诗我大概可以出一个厚厚的集子了。只

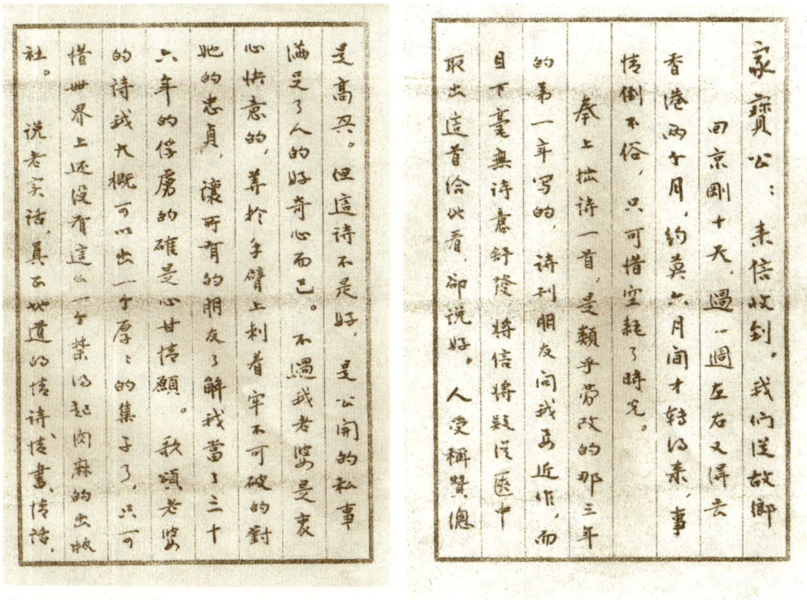

家寶公：来信收到，我们从故鄉
回京刚十天，過一週左右又得去
香港两个月，约莫六月间才转得来，事
情倒不俗，只可惜空耗了时光。
奉上拙诗一首，是類乎勞改的那三年
的第一年写的，诗刊朋友向我要近作，而
目下毫无诗意舒發，将信将疑从匣中
取出這首给他看，都说好。人受稱贊總
是高兴。但這诗不是好，是公開的私事
满足了人的好奇心而已。不過我老婆是衷
心快意的，并於手臂上刺着牢不可破的對
她的忠贞，讓所有的朋友了解我当了三十
六年的俘虏的確是心甘情願。我頌老婆
的诗我大概可以出一个厚厚的集子了，只可
惜世界上还没有這么一个禁得起肉麻的出版
社。
说老实话，真正地道的情诗、情书、情话，

黄永玉致曹禺信

可惜世界上还没有这么一个禁得起肉麻的出版社。

说老实话，真正地道的情诗、情书、情话，怎么能见得人？伟大如鲁迅特精熟此道，说是“两地书”，买的人图神奇，打开看来却都是正儿八经、缺乏爱情的香馥之感。全世界若认真出点这种东西，且规定人人必读的话，公安局当会省掉许多麻烦。人到底太少接触纯真的感情了。

——黄永玉致曹禺

点评

收到你的信和歌颂你的充溢美的一切的夫人的长诗，好像一个一无所有的穷人突然从神女手里得到不可数量的珍宝，我反复地看，唤出我的妻女一同看，一块儿惊奇上天会给人——毫无预感地给了我这样丰满、美好、深挚、诚厚的感情。

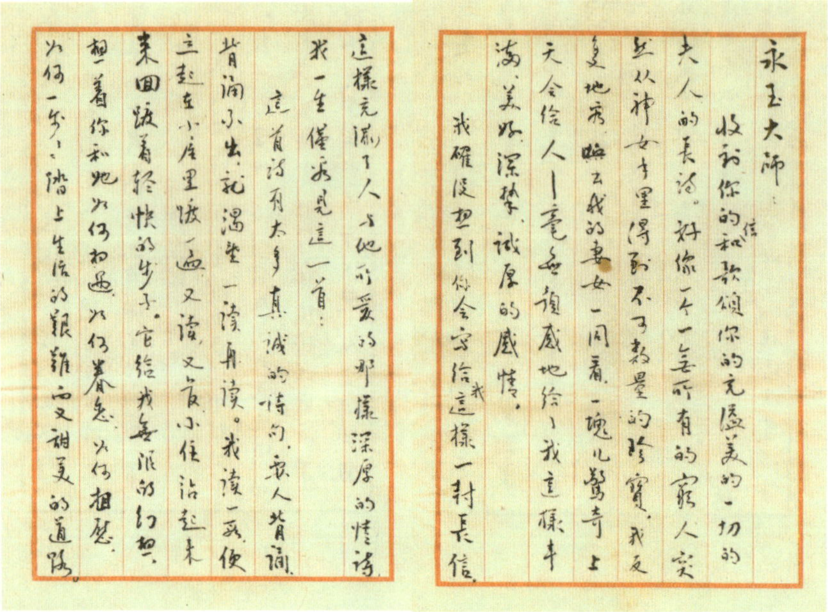
永玉大师：
收到你的信和歌颂你的无限美的一切的夫人的长诗。好像一个一无所有的穷人突然从神女手里得到不可数量的珍宝，我反复地看，晚上我的妻女一同看，一阵儿惊奇上天会给人一毫无愧感地给了我这样丰满、美好、深挚、诚厚的感情。
我确没想到你会写给我这样一封长信这样充满了人与他所爱的那样深厚的情诗我一生仅看见这一首。
这首诗有太多真诚的诗句，要人背诵，背诵不出，就渴望一读再读。我读一段，便立起在小屋里踱一遍，又读，又管不住站起来来回踱着轻快的步子。它给我无限的幻想，想着你和她如何相遇，如何眷恋，如何相慰，如何一步步踏上生活的艰难而又甜美的道路。

曹禺致黄永玉信

我确没想到你会写给我这样一封长信，这样充满了人与他所爱的那样深厚的情诗，我一生仅看见这一首。

这首诗有太多真诚的诗句，要人背诵，背诵不出，就渴望一读再读。我读一段，便立起在小屋里踱一遍，又读，又管不住站起来来回踱着轻快的步子。它给我无限的幻想，想着你和她如何相遇，如何眷恋，如何相慰，如何一步步踏上生活的艰难而又甜美的道路。这首诗有至性，也就有至理：

“你常常紧握着我这和年龄不相称的粗糙的大手，

母性地为这双大手的创伤心酸。

我多么珍惜你从不过分的鼓励，

就像我从来不称赞你的美丽一样。

要知道，一切的美，

都不能叫出声来的啊！”

你和你的夫人大约想象不出，一个七十三岁的人会对你们的情诗如此敬重，如此羡慕，我只想再引一段来遏止我的过分的喜悦之情：

“中年是满足的季节啊！

让我们欣慰于心灵的朴素和善良，

我吻你，

吻你稚弱的但满是裂痕的手，

吻你静穆而勇敢的心，

吻你的永远的美丽，

因为你，

世上将流传我和孩子们的故事。”

关于你这首诗，我可以更多地引下去，更好地谈讲它是多么打动我，又多么是我想遇多年，终于见到的情诗。

——曹禺致黄永玉

一九五一年，黄永玉与梅溪摄于香港

八十年代黄永玉与华君武（左）、杨宪益（中）在一起

点评

我认识黄永玉是在新中国成立以后，他和张梅溪带了孩子黑蛮从香港回到内地，那时回来就回来了，用现在时髦的说法就是定居了。也许是他们全家的个子都不大，分配的房子就更小了，他住在中央美术学院的院子里，他们的那间小宿舍，客人可以从窗户跨进屋子里去，好像"罐斋"之名，就从这里开始启用了。后来搬到京新巷，一个并不整齐的小四合院，他们住在北屋，就算是院里最高级的房子，虽然高级，还得去门口街道上的公厕"办公"。"文化大革命"开始就把他们迫迁到旁边两间小屋，一间作了卧室，其大仅容一双人床和一张小桌；外间是客厅（用现在说法可称一室一厅），好像更小更矮，客人用矮凳围着一张小圆矮桌，一只小柜，屋角还养着一只小松鼠，如果冬天再加一只煤炉，就无立锥之地了。客厅没有窗户，因为有只小窗，窗外贴着墙，等于没有窗户。画家就画了一张大窗子，窗外树木疏朗，小鸟枝头，蓝色的天，这幅挂在墙上冒充窗户的画给我一种矛盾的印象，它既是明朗的、乐观的，但又是阴暗的、凄苦的。这间小屋经常挤满了人，鸿儒不多，白丁不少，永玉、梅溪会客于斯、食于斯、画了许多大画于斯，实在是一种奇迹，但是也就这样过来了，我甚至感到那时梅溪用搪瓷漱口杯煮的上海咖啡好像比今天任何咖啡还要香。

华君武

重新亮相，仍从诗开始

“文革”结束，黄永玉的文学亮相，再次以诗开始，由此而走进“自觉与丰收”阶段。

一九七八年，他开始创作政治讽刺诗《不准！》等，诗歌创作进入高潮。年底，北岛、芒克主编的民间刊物《今天》创刊号，以“动物篇”选发一组“动物短句”（署名“咏喻”）。此为多年沉寂之后第一次发表作品，他以此种方式汇入新时期文学的潮流。

一九七九年，“文革”期间创作的部分诗歌，陆续在《诗刊》等报刊发表。同期，完成记叙表叔沈从文的长文《太阳下的风景》、记叙聂绀弩的长文《往事与散宜生诗集》等，散文写作由此进入高潮。

一九八二年，一张诗人们合影的照片，留下了黄永玉文学的重要瞬间。

照片拍摄于场合为中国作家协会举办的“第一届全国优秀新

“第一届全国优秀新诗（诗集）奖”获奖诗人合影

诗（诗集）奖”的颁奖大会。这应是“文革”结束后中国诗坛的第一次盛会。获奖诗人十位，老中青三代，整整齐齐站成一排。左起：邵燕祥、黄永玉、流沙河、张志民、艾青、李瑛、公刘、胡昭、舒婷、傅天琳，其中九位是人们熟悉的诗人，唯有站在他们中间的黄永玉一人，来自诗坛之外。

不像艾青、流沙河、邵燕祥、公刘等人，沉寂多年后，以“右派分子”身份的诗人复出，令人们充满期待；也不像年轻的舒婷，以“朦胧诗”年轻诗人群体的代表身份亮相，崭露头角，引发关注。黄永玉呈现在人们面前的，则是个人身份的转换。以往，人们只知道他是位画家，而现在，他还是一位诗人，站在了文学的聚光灯下。对于他，这是一次精彩亮相，也是一个标志——在历时三十余年的尝试、沉寂、“潜在写作”之后，他终于拥有了充分的自觉，意识到文

获奖诗集《曾经有过那种时候》

学是他干预现实、抒发自我、融入历史的更自由的表达方式与手段。

文学的自觉，到来于“文革”结束后的一九七九年前后。

一九八二年黄永玉获奖的诗集为《曾经有过那种时候》，收录三十二首诗，一部分属于“潜在写作”时期的作品，其余创作于一九七九至一九八二年之间。

这是当代中国一个重要的历史性转折时刻，浩劫余生的沉痛与兴奋，引发黄永玉文学创作的激情，他以这批诗歌，汇入了新时期文学最初的“伤痕文学”、“反思文学”的潮流。

短诗《曾经有过那种时候》，可看作是诗人对“文革”时代特征的高度浓缩：

人们偷偷地诅咒
　　　又暗暗伤心，
躺在凄凉的床上叹息，
也谛听着隔壁的人
　　　在低声哭泣。

一列火车就是一列车不幸，
家家户户都为莫名的灾祸担心。
最老实的百姓骂出最怨毒的话，
最能唱歌的人却叫不出声音。

传说真理要发誓保密
报纸上的谎言倒变成圣经。
男女老少人人会演戏，
演员们个个没有表情。

此诗足可代表黄永玉的历史态度与批判锋芒。显然，他自己也很看重此诗，故将该诗题作为诗集的书名。

“文革”结束后进入写作高潮的黄永玉

永玉自述

我写诗，自命不是诗人。

真羡慕写得好诗的诗人，我用石头把精彩句子镶在荷塘的墙上。

人，有时候有诗的念头，有时候是凡人、蠢人的念头，有时是恶棍的念头。

我喜欢中外古今来的好诗人和好诗。

有的是有学问的诗，光是学问却又生僻了。

有的是普通人的诗，都懂，都动情，都喜欢。

有的是写给诗人看的诗；有的诗人喜欢，有的诗人骂娘。

有的是伟人的诗，有的真好，有的扯烂污，放肆！势位所误！

有的太监写的诗——这就不好说了。

诗，不是情感和语汇
　甚至音符的账单，
诗的琴弦
先拨动自己，
再让别人听见。
人说诗人是
　黎明的公鸡，
人没有说，
　诗人是动过手术的阉鸡。
更不是房顶上转个不停的
风向鸡。
诗，仿佛是“谁”在请你
唱一首“谁”也没想过的，
聪明的、勇敢的、好听的歌。

邵燕祥贺黄永玉米寿诗：

二十世纪的二十年代
沱江边的阳光水土抟出了
一个顽童　一个小兵
一个流浪汉　一个奏刀手
他熟悉山水的走向 每一条木纹
他是香客　崇拜美如宗教

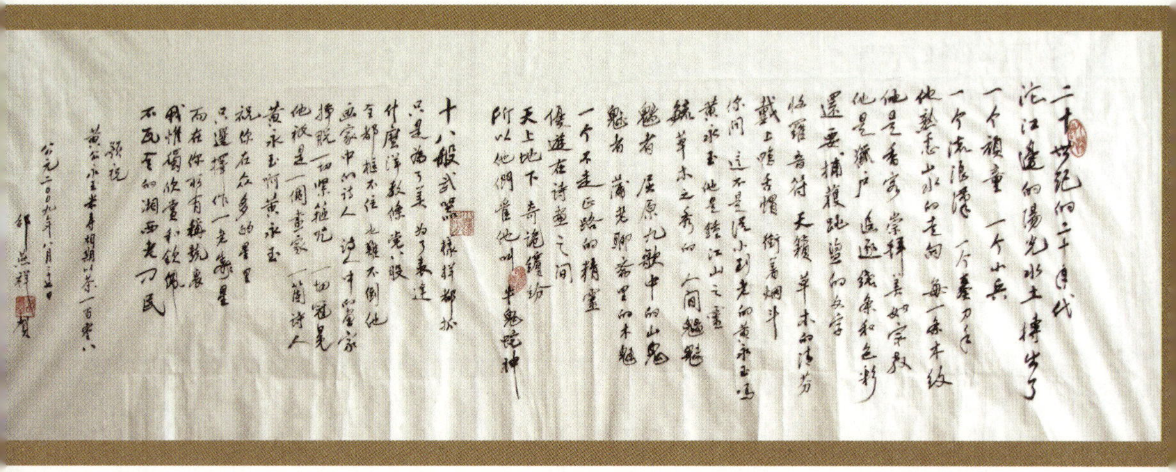

邵燕祥贺诗

他是猎户　追逐线条和色彩

还要捕获跳荡的文字

收罗音符天籁草木的清芬

戴上鸭舌帽　衔着烟斗

你问　这不是从小到老的黄永玉吗

黄永玉他是钟江山之灵

毓草木之秀的人间魑魅

魑者　屈原《九歌》中的山鬼

魅者　蒲老《聊斋》里的木魅

一个不走正路的精灵

优游在诗画之间

天上地下　奇诡缤纷

所以他们管他叫牛鬼蛇神

十八般武器　样样都抓

只是为了美　为了表达

什么洋教条　党八股

全都框不住也难不倒他

画家中的诗人　诗人中的画家
挣脱一切紧箍咒　一切冠冕
他只是一个画家　一个诗人
黄永玉啊黄永玉
祝你在众多的星里
只选择作一老寿星
而在你所有称号里
我惟独欣赏和钦佩
不瓦全的湘西老刁民

预祝
黄公永玉米寿相期以茶一百零八
公元二〇〇九年八月二十七日
邵燕祥贺

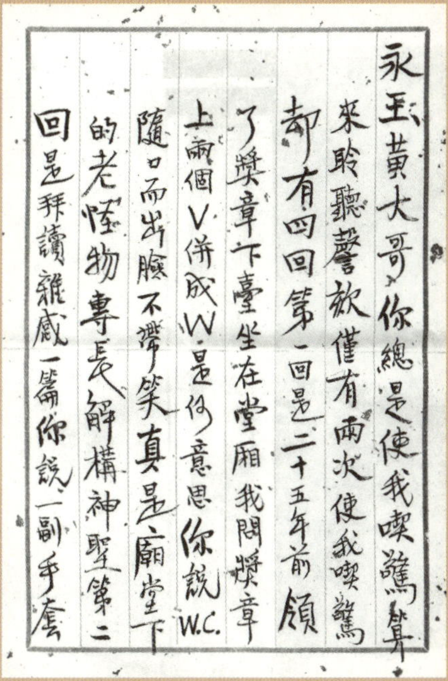
永玉黃大哥你總是使我喫驚算
來聆聽謦欬僅有兩次使我喫驚
却有四回第一回是二十五年前領
了獎章下臺坐在堂廂我問獎章
上兩個V併成W是何意思你說W.C.
隨口而出臉不帶笑真是廟堂下
的老怪物專長解構神聖第二
回是拜讀雜感一篇你說一副手套

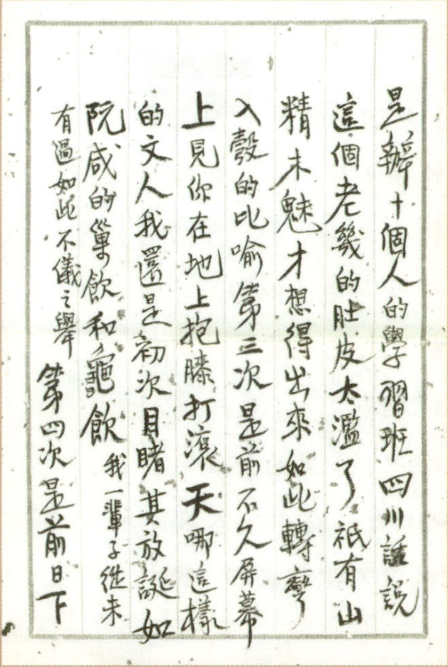
是辦十個人的學習班四川話說
這個老幾的肚皮太濫了祇有山
精木魅才想得出來如此轉彎
入彀的比喻第三次是前不久屏幕
上見你在地上抱膝打滾天哪這樣
的文人我還是初次目睹其放誕如
阮咸的巢飲和龜飲我一輩子從未
有過如此不儀之舉第四次是前日下

流沙河致黄永玉书信

点评

你总是使我吃惊，算来聆听謦欬仅有两次，使我吃惊却有四回。第一回是二十五年前，领了奖章下台坐在堂厢，我问奖章上两个V并成W是何意思，你说W.C，随口而出，脸不带笑，真是庙堂下的老怪物，专长解构神圣。第二回是拜读杂感一篇，你说一副手套是办十个人的学习班，四川话说这个老几的肚皮太滥了，只有山精木魅才想得出来，如此转弯入彀的比喻。第三次是前不久屏幕上见你在地上抱膝打滚。天哪，这样的文人我还是初次目睹其放诞如阮咸的巢饮和龟饮，我一辈子从未有过如此不仪之举。第四次是前日下午拜读四尺横幅“共此灯烛光”的巨画，惊讶不忘旧雨，都什么年代了啊，还这样看重友情。小老弟我的灵魂如撞钟轰轰回响许久。久耽于人伪，殊不料黄大哥有此一杵撞来，要想不吃惊岂可得乎？我再有九天就是七十七岁满了，比大哥小几岁，世故倒比大哥多，真该忏悔哟！难得见到少小离家闯荡江湖阅人多矣八十几了犹怀赤子之心如大哥者。

——流沙河

沉思在八十年代

点评

一九八〇年的青春诗会。穿个裤衩、叼个大烟斗的黄永玉也是我很喜欢的。以前看过他睁一只眼闭一只眼的猫头鹰，被江青骂得要死。他也写诗，写得很有味道。他说："我像个火鸡一样，可以吃的东西吃，不可以吃的东西都能吃。"讲完后严辰老师请他留画。他就即兴画了两幅。有一幅他刚伸过笔去，饱蘸的笔头兀地滴下一滴朱红在宣纸上。我们想，这下完了。他却笑眯眯地刷刷几笔，这一滴朱红成了一位男子头发上簪着的野花。男子面色酡红，手里的一顶伞打在无人的前方，步履趔趄。题曰："清明时节雨纷纷，路上行人欲断魂。借问酒家何处有，牧童遥指杏花村。酒人岂有不识酒家耶，醉中胡走胡问耳。诗刊方家一笑。黄永玉庚申夏日。"

——孙武军

“太阳下的风景”

一九七九年岁末，黄永玉完成了长篇散文《太阳下的风景》，这篇作品标志着黄永玉在拥有文学自觉之后，其散文写作一下子就达到很高的起点。

《太阳下的风景》以写表叔沈从文为主，勾勒与渲染出大时代里一个小人物的坎坷命运，顽强生命力之中含蕴着浪漫、柔情、忧郁、感伤与悲怆。这篇散文，其实也是写故乡凤凰城的文化风情、历史变迁，写父母一辈的命运与时代的对应关系，写作者本人的漂泊人生。作者具有画家的眼睛与调度能力，善于描绘出一个个生动的、色彩斑斓的生活场景；他如创作小说一样，灵活而恰到好处地运用对话，使散文的叙述顿时具有活力与动感；当他以画家与小说家的综合才能写作这篇散文时，笔下缓缓流淌而出的，恰恰是中国当代散文久违的也颇为缺乏的真挚情感、个性化语言、不拘一格的起承转合。当以下面的文字结束全文时，黄永玉带给我们一种强烈的、漫溢诗意的历史感——这正是他的散文艺术的魅力所在：

第一本散文集《太阳下的风景》

我们那个小小山城不知由于什么原因，常常令孩子们产生奔赴他乡的献身的幻想。从历史角度看来，这既不协调且充满悲凉，以致表叔和我都是在十二三岁时背着小小包袱，顺着小河，穿过洞庭去“翻阅另一本大书”的。

（《太阳下的风景》）

在《太阳下的风景》中，黄永玉回忆当年读沈从文的《一个传奇的本事》，曾这样谈到对沈从文散文的印象：“在一九四六还是一九四七年，他有过一篇长文章谈我的父母和我的情状，与其说是我的有趣的家世，不如说是我们乡土知识分子在大的历史变革中的写照。表面上，这文章犹如山峦上抑扬的牧笛与江流上浮游的船歌相呼应的小协奏，实质上，这文章道尽了旧时代小知识分子小山城相互依存的哀哀欲绝的悲惨命运。”说得多好！其实，我们也不妨将之看作写作《太阳下的风景》时作者本人的心绪与艺术追求。

细读《太阳下的风景》，不难发现，这篇作品呈现出多种主题——永远的乡愁、文化的感伤、前辈命运的悲欢离合、漂泊的人生况味——已经确定了黄永玉日后各种体裁（包括诗歌、散文、随感、小说等）创作的基调，他在这篇作品中肆意挥洒而出的才情，也早早地为自己竖起了一根标杆。之后三十年的创作，他将《太阳下的风景》里蕴含的多种主题尽情演绎与变奏，将业已呈现的多样色彩不断挥洒。也就是说，一九八〇年前后的诗歌与散文成就，构成了一个坚实基础和高度，他立足于此，腾挪跳跃，从容前行，文学创作更为丰满而厚重，“太阳下的风景”，铺开一个丰收的季节。

收获季节，如期来临。不妨浏览一下黄永玉文学重新亮相以来所收获的重要果实：

二〇〇六年黄永玉用凤凰话朗诵自己的诗集《一路唱回故乡》

《一路唱回故乡》书影

诗歌——出版诗集五种：《曾经有过那种时候》（一九八一年），《我的心，只有我的心》（一九八六年），《花衣吹笛人》（一九八八年），《老婆呀！不要哭》（一九九七年）、《一路唱回故乡》（二〇〇六年）。

散文——自《太阳下的风景》之后，散文一直是黄永玉最为得心应手的写作。《这些忧郁的碎屑》（一九九四年），《比我老的老头》（二〇〇二年），汇集大部分描写人物的作品。如今，《比我老的老头》一书已发行十多万册，成为备受读者欢迎的著作。

九十年代初，黄永玉在旅居意大利期间，完成《沿着塞纳河到翡冷翠》一书，集游记与人物素描于一体，佐以大量风格各异的插图，文采飞扬，趣味无穷，令读者爱不释手。

杂文——黄永玉喜欢的另一种体裁。一九八五年前后，他在《新观察》杂志以“吴世茫”笔名开设“吴世茫论坛”。他以反讽、鞭挞等手法，干预生活，针砭现实，嬉笑怒骂，一时轰动京城。一九八九、一九九〇年前后，他以“老獭”、“姚育水”等笔名，在

《沿着塞纳河到翡冷翠》内地版、香港版书影

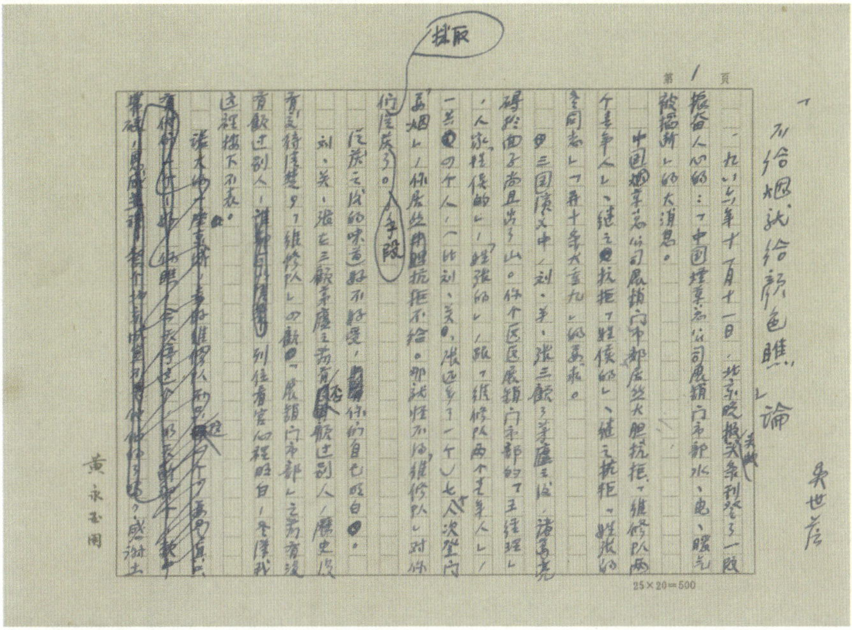
“不给烟就给颜色瞧”论

吴世茫

一九八六年十月十一日，北京晚报头条刊登了一段振奋人心的：“中国烟草总公司展销门市部水、电、暖气被掐断”的大消息。

中国烟草总公司展销门市部居然大胆抗拒“维修队两个青年人”、继之抗拒“姓侯的”、继之抗拒“姓张的女同志”“再十条大重九”的要求。

《三国演义》中，刘、关、张三顾了茅庐，诸葛亮碍于面子尚且出了山。你个区区展销门市部的“王经理”，人家“姓侯的”，“姓张的”，跟“维修队两个青年人”，一共四个人，（比刘、关、张还多了一个）七次登门要烟，你居然胆敢抗拒不给。……

《吴世茫论坛》之《“不给烟就给颜色瞧”论》手稿之一

杂文集《吴世茫论坛》内地版、香港版书影

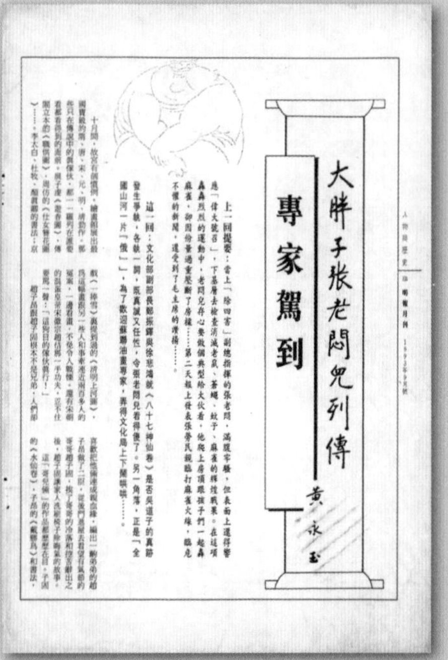

长篇小说《大胖子张老闷儿列传》一九九三年在香港《明报月刊》连载

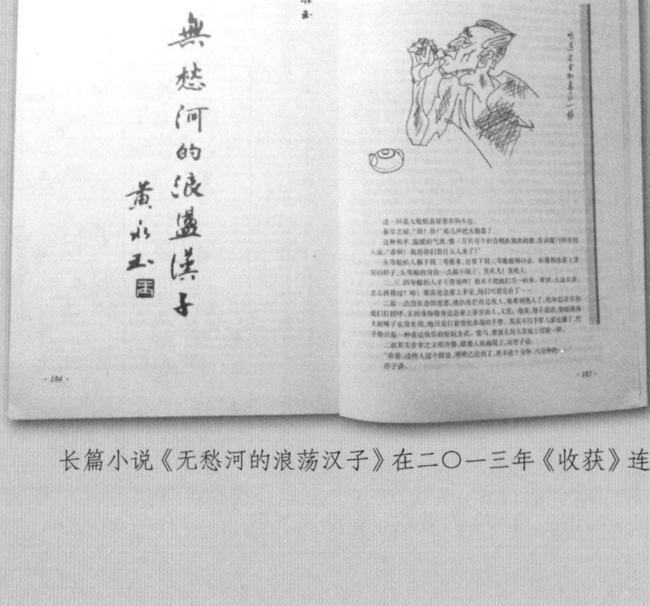

长篇小说《无愁河的浪荡汉子》在二〇一三年《收获》连载

香港《东方日报》等报纸开设“天荒野谭”等个人专栏，发表杂文约三百篇，说古论今，笔锋犀利，为历史留存记忆，为文化提供掌故与见识，杂文在他手中俨然已达随心所欲的境界。

长篇小说——九十年代定居香港和旅居意大利期间，黄永玉开始了他最为看重的文学创作——长篇小说。第一部长篇小说是政治幽默小说《大胖子张老闷儿列传》，描写一九四九年开国大典之后的北京文化界以及中南海高层的生活。小说完成十余万字，在《明报月刊》连载经年，后因故歇笔。

黄永玉九十年代初期开始创作自传体长篇小说《无愁河的浪荡汉子》，其间歇笔约十年，于二○○八年续写，至今已在《收获》连载五年。第一部约六十万字，由人民文学出版社二○一三年八月出版。

至此,黄永玉的文学创作，已经形成了四个鲜明特点：其一，“乡愁”，是他的作品贯穿始终、漫溢诗意的永恒主题；其二，“文化的感伤”，是他描写前辈文人命运与性格时最能触动人心的历史感；其三，“幽默”与“机智”，构成他的叙述风格中他人无法模仿的个性特色；其四，“营造汉语之美”，让人们看到了他如何摆脱文字的政治性污染，还原语言本色的纯粹、鲜活，贴着土地生长，在空气中自由呼吸的那种优美……

文学创作七十年，对于黄永玉，只是行走的一个过程，尚不是结束。年届九十，他还在拥抱着文学自觉。随着《无愁河的浪荡汉子》的继续写作，其文学创作的重要性及其独特贡献，将在当代文坛日益凸现出来，他倾心描绘的文学画卷，将成为一片耀眼的“太阳下的风景”。

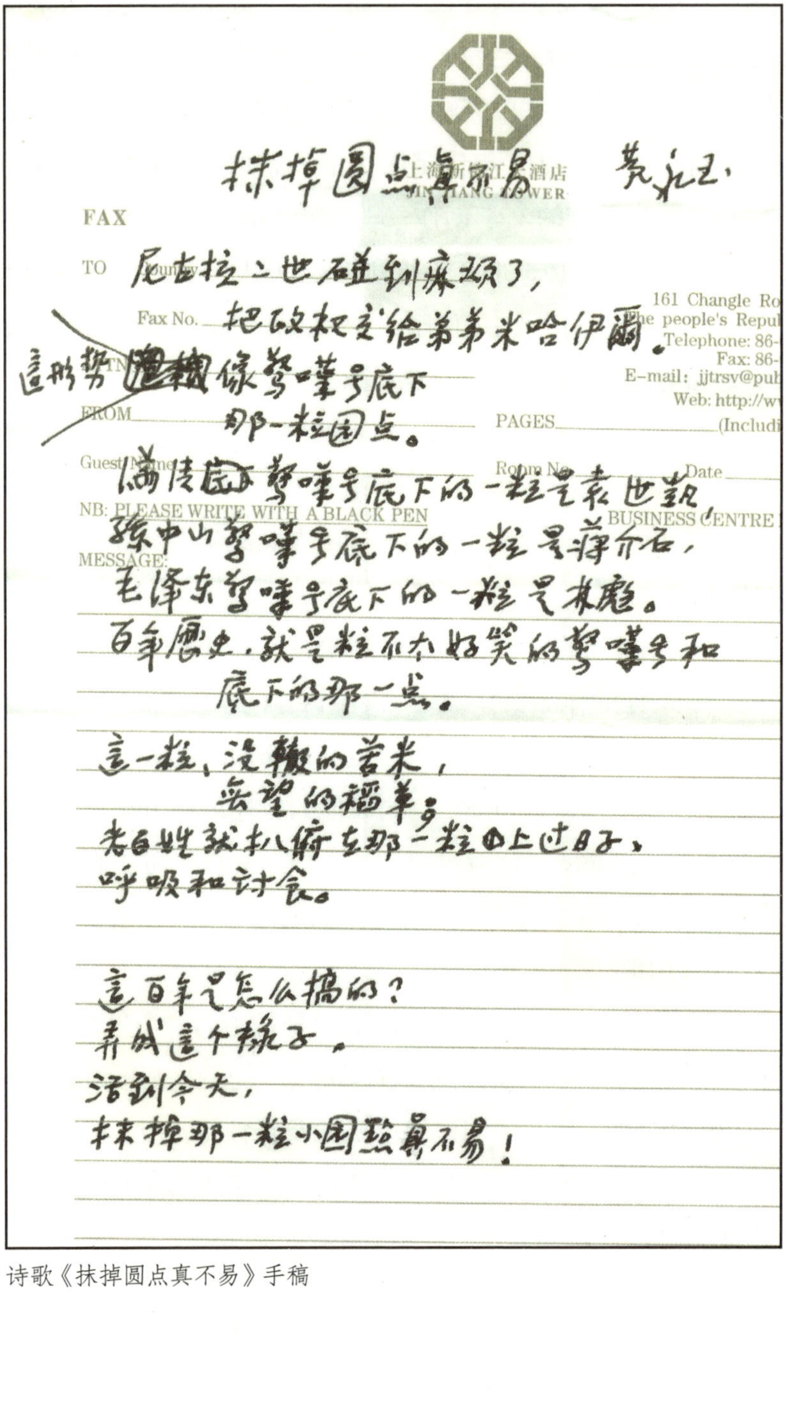

抹掉圆点真不易　黄永玉

尼古拉二世碰到麻烦了，
把政权交给弟弟米哈伊爾。
這形勢像驚嘆号底下
那一粒圆点。
满清底下驚嘆号底下的一粒是袁世凯，
孫中山驚嘆号底下的一粒是蒋介石，
毛泽东驚嘆号底下的一粒是林彪。
百年歷史，就是粒不太好笑的驚嘆号和
底下的那一点。

這一粒，没轍的苦米，
無望的稻草；
老百姓就扒俯在那一粒上过日子，
呼吸和討食。

這百年是怎么搞的？
弄成這个樣子。
活到今天，
抹掉那一粒小圆點真不易！

诗歌《抹掉圆点真不易》手稿

永玉自述

别了！

我说别了，只是写《沿着塞纳河》与《翡冷翠情怀》告一个结束。“世无不散的筵席”，任何事情总有个“完”的时候。写到尽或者不想再写下去，或是要换一个别的写法，都属于“别了”的这个意思。

这几十篇旅游的联想，有一点望舒先生的“做迢遥之旅的凭借吧”（微笑）的诗意。

当然我写的这些东西不只是旅愁一方面。为了愁，何必万里迢迢地到那儿去呢？

……

一个人的情感，际遇、知识，异时异地，写出感受，又有好心的杂志愿意发表。看过的人表示了亲爱，也就小有得意了。

我也对老总和老板吹牛：你们哪里找得到那么认真、够分量的插画。

老总和老板都笑眯眯默认，我也着实地感谢。漂亮的制版和编排，令我每周四迫不及待地要去报摊买一本先睹为快，并且自我陶醉起来：“妈的！写得真不错！”

坐在小舟上荡过故乡小河，恐怕早已不是童年的感觉了

永玉自述

我坐着木船沿辰河上行许多天。天亮启碇，天黑下锚，半路住码头边吊脚楼客栈里。黄昏后河街一带尽是灯火。卖酸萝卜、葵花子、南瓜子，清炖加蒜汁牛肉的浓烈气味……由近到远一片嘈杂的声音。

渔鼓、胡琴、月琴、大筒、唢呐、三弦的声音混合在一个个发育不全、长得像小老太婆的女孩子们唱的时调里。多少年来，我早就习惯那种强作欢乐的哀哀欲绝的声音；只是久违了，不免产生依恋的感情。朋友给我找来一位近八十岁的辰河高腔演员。话说不清了，却给我哼了大半夜的戏。我探索着谱在本子上，生怕失落那一点余痕。我终夜透过星星谛听河街那一片延绵的夜声直到天亮。

点评

画家中擅长写散文的是黄永玉。

我爱黄永玉的木刻，我也爱画家的散文。前几年，我不肯放过他画上的那些题跋，真是有声有色，其中有欢笑，有眼泪，当然也有画家的机敏、幽默，甚至一点狂态和痴情……有的则是诗。

近两年他的散文创作欲又抬头了。写人物好像无头无尾，却能画出人的眼睛！是写意，是夸张，还是大泼墨？是不是散文一如他作画的风格：不拘一格，“无法无天”？

——姜德明

点评

他在香港出版了《太阳下的风景》，里面写的人与事，内容生动，细节鲜亮，人物对话有现场感。当时我就奇怪，时间过了那么久，那些人说过的话他怎么就记得那么清楚？一直存疑。聂华苓的文章也有相同的特点，一次访问她时，我把存疑向她求证：“过了那么久，你写的那些人说过的话，你都记得？”她答得干脆利落：“记得。”那时我的想法是，只要记得主要的，就可以加工使其完善。我认为散文不可虚构，是历史的、纪实的，一虚构就失真。

近日读了李辉《传奇黄永玉》一书，汪曾祺就在一篇文章说过：“永玉的记性真好！”这是极可信的旁证，解开了我的疑惑。我信服了黄永玉写下的就是他记住的。契诃夫说过“细节是天才的姐妹”，我不妨仿一句：记性是天才的兄弟。钱钟书记性好，举世皆知。在五六十年前汪曾祺就说“黄永玉是个小天才”，还说：“真有眼光

《沿着塞纳河到翡冷翠》插图

应当对他投资，我想绝不蚀本。若不信，我可以身家作保。”四五十年后，张五常称他“中国的毕加索”，文章说：从新意与真情那方面看，黄永玉与毕加索是大可以相提并论。

——古剑

点评

《圣三一桥即景》中的Beatrice，是黄永玉“老夫聊发少年狂”时信手得来的parody。也许我们应该知道，parody或self-parody其实也是一种独立的艺术形式，可以脱离“原件”自领风骚。这也是说，你欣赏《圣三一桥即景》时，不一定要联想到有关但丁和Beatrice的种种传说。黄永玉画中的糟老头和胖妇人，本身就是一幅自成天地的艺术品，各具特色，生趣盎然，令人过目难忘。

我们翻阅黄永玉收在《沿着塞纳河到翡冷翠》的速写与油画，也许会想到，既然他书画皆精，许多他入了画的题目，如果要他改用文字来吟咏，应该不成问题吧？当然，写出来的效果如何，那又是另外一回事。

黄永玉以文字“言志”的作品，有不少是记怀旧日交游的。在他笔下出现过的近代中国画坛祭酒级的人物，计有齐白石、林风眠、李可染等，还有漫画家张乐平。这些记述文字，有时淡淡几笔，却载动许多愁。

在怀人记事的系列中，以《太阳下的风景》和《这些忧郁的碎屑》落墨最浓，用情也最深。两篇都是记沈从文的。沈从文是黄永玉的表叔，也是他“少年时的神”。

“文革”后，记叙这位湘西“乡土”小说家生平的传记文字出现了不少。但像黄永玉那么感性地去描述他表叔初到北京时的处境的，以前倒未见过。

Kathleen Norris为二○○一年《美国最佳散文选》（*The Best American Essays*, 2001）作序，说到收入这集子的作家，有一特色，那

翡冷翠老桥

但丁的故居

就是：心有所感，发觉非笔之于纸公之于世不可（this story must be told）。

你说对了，此说卑之无甚高论。可圈可点是下面这句话：I am the person who must tell it。要说此故事，普天之下，除了区区，还有谁可胜此重任？

像郁达夫夜访沈从文这类故事，也只有黄永玉最适合讲。他记聂绀弩、林风眠、李可染和张乐平等人的文字，都显露了I am the person who must tell it的承担。

黄永玉的师友篇，就是这种“舍我其谁”的信念和“当仁不让”的精神驱使出来的成果。文字粗犷，散发着一股“蒸不烂、煮不烂、捶不扁、炒不爆”的顽强生命力。这正是黄永玉文字别具一格的地方。

——刘绍铭

点评

在这五十年当中，我对他有不断的、新的惊讶。先是看了他编剧的电影《儿女经》。我是总算从名导演学过编写电影剧本的，而成就不过尔尔。我相信永玉并没有像我那样学过，他的剧本竟是那样使我心折。往后我陆续发现，他不只能作版画，还会作国画，还会作油画，还会雕塑。

永玉健谈。他并非舌灿莲花，但听他娓娓道来，你会为之入神。胡适提倡为文要言之有物，永玉就是有此妙谛。他博闻强记，总是有许多趣闻轶事随口而出（建议你一读他的散文集《沿着塞纳河到翡冷翠》，里面不仅有许多小故事，还有不少他自己绘的彩画，还有不少可咀嚼的话语）。

永玉不常写信，需要时多由他的贤内助梅溪执笔。但他不写则

佩鲁迦

已，一写就是一张长长的宣纸，一丝不苟的行楷，字字工整，洋洋洒洒，长逾千字。前些时候我就收到他这样的一封信。其中有提到他的画展的：“画展开过，自己有空细细想想，发现自己不是画画的材料。造型和其他美术知识没有受过正统教育训练，常感举步艰难，而自己又疏忽了艺术上的深思熟虑，有许多老年人匆忙赶时间的毛病，所以对自己的劳力有余、劳心不足的近作未敢乐观。虽然世俗和好心人的反应不错，究竟知道底蕴的还是自己啊！”

我想，正因为他没受过正统教育，没有束缚手脚的框框，才能恣笔纵横，钻坚研微，向多门的艺术挑战。是好事，不是坏事。

——马国亮

威尼斯咖啡馆

【第二部分】
"比我老的老头"

《比我老的老头》藏书票

自上世纪八十年代开始，黄永玉以他的生动叙述和潇洒之笔，相继描写了一个又一个比他年长的前辈或朋友，这些文章几年前结集为《比我老的老头》出版，颇受读者喜爱，畅销也长销，“比我老的老头”由此成了黄永玉散文写作的一个美妙标签。一个老头，写比他老的老头，一个个故事串起来，便成了色彩斑斓的历史画卷。酣畅处是大写意的泼墨，精妙处是白描的细致，大大小小的人影在他的笔下活蹦乱跳，在我们面前，历史真的成了一个舞台，充满着传奇。

读者向往他笔下的场景，为历史场景中的人物命运而乐，而伤感，而惋惜，而赞叹。他的笔，让那些比他老的老头重新获得人们更多关注，既活跃在历史之中，又丰富着人们今天的感觉。

黄永玉写文章与画画一样，也总是充满着变数。读他的文章可以看到，他讨厌陈词滥调，也不喜欢所谓起承转合之类的规范。他知道如何将一个艺术家敏锐的感觉和独特的观察目光，用自己的叙

《比我老的老头》不同版本

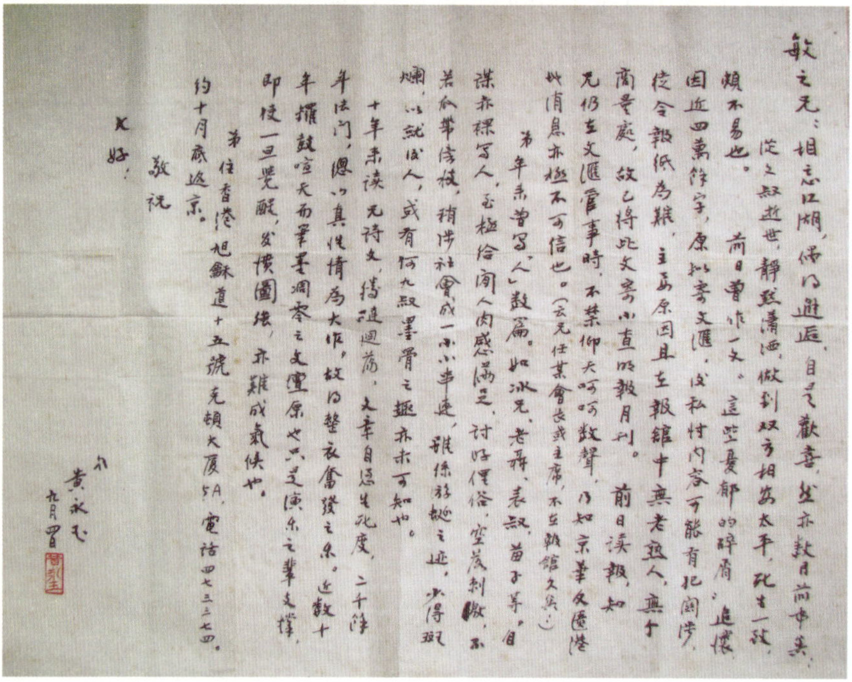

敏之兄：相忘江湖，偶得邂逅，自是歡喜，然亦數月前事矣。

從文叔逝世，靜默瀟洒，做到雙方相安太平，死生一致，頗不易也。

前日曾作一文。這些憂鬱的碎屑，追懷因近四萬餘字，原擬寄文匯，後私忖內容可能有犯關涉，使令報紙為難，主要原因是在報館中與老熟人，與之商量處，故已將此文寄小查明報月刊。 前日讀報，知兄仍在文匯當事時，不禁仰天呵呵數聲，乃知京華友遍港，此消息亦極不可信也。（云兄任某會長或主席，不在報館久矣云）

弟年來曾寫"人"數篇，如冰兄、老舍、表叔、苗子等，自謀亦標寫人，至極合閱人肉感品之，討好俚俗，空泛刺激，不若於筆墨技，稍涉社會成一小小事迹，雖係殘蛻之迹，少得斑斕，以就後人，或有何九叔墨骨之趣亦未可知也。

十年來讀兄詩文，情隨迴蕩，文章自恁生死度，二十餘年法門，總以真性情為大作，故乃整衣奮發之樂。近數十年擂鼓喧天而筆墨凋零之文壇原也只是演示之輩支撐，即使一旦覺醒，發憤圖强，亦難成氣候也。

弟住香港旭龢道十五號先頓大厦5A，電話四七三三七四。

約十月底返京。

敬祝

大好！

弟 黄永玉

九月四日

黄永玉致信曾敏之谈写作《比我老的老头》

述语言生动地表现出来。往往挑选的几句对话，一个细节，乃至对场景白描似的勾画，就使笔下的人物活生生地站在你的面前，整篇文章也顿时活跃起来。

黄永玉在文字中充分表现出一个艺术家的才华。他的散文与众不同之处就在于他对故事的热衷和叙述的巧妙。在我所熟悉的前辈中，黄永玉绝对是最有口才、最能讲故事的人。他肚子里像是有说不完的故事，一个接一个，从嘴里不断线地蹦出来。因此，说他“写”那些比他老的老头，不如说他是在“讲”他们的故事。

讲故事是黄永玉每日生活中不可缺少的内容，也是他的《比我老的老头》一书的主要支架和部件。可以说，无论聊天还是写作，他就生活在自己经历过的、虚构的、听来的种种故事中。那些幽默、快乐、悲伤、痛苦的故事，让他活得有滋有味。讲着讲着，一转眼说不定哪个故事就成了哪篇文章中的段落。虚构与写实之间，轻车熟路。那些故事，有时生动、巧合得让人难以置信。怎么世上那么多巧的事都让他赶上了？

黄永玉讲述的很多故事，恐怕都已不是本来模样，而是不经意之间，泼上了艺术渲染的色彩。从人物行迹的考证角度来说，有的细节很难将之作为确凿史料来引证。这当然不是一个艺术家要尽的义务，相反，他在依据一生的人生感触和对人物的认识，借回忆的方式，借讲述的途径为我们描绘出了历史的纷繁画面，把那些比他老的老头们的性格，艺术性地再现出来。讲别人的故事，在他那里实际上也就是在为自己的人生经历画上一幅巨大的背景。他和他们一起笑，一起哭，一起仰天长啸。黄永玉说得好：“故事一串串像挂在树梢尖上的冬天凋零的干果，已经痛苦得提不起来。”

“唉！都错过了，年轻人是时常错过老人的。”

黄永玉说得有点儿感伤。这句话醒目地印在《比我老的老头》封底上。

好在那些被错过的老头的故事，现在由一个比他们小的老头精彩地写出来了。更多的年轻人，不会再错过他们——至少，在黄永玉的书中。

永玉自述

弟年来曾写“人”数篇。如冰兄、老聂、表叔、苗子等，自谋赤裸写人至极，给闲人肉感满足，讨好俚俗，空落刺激，不若瓜带旁枝，稍涉社会成一小串连，虽系蚰蜒之迹，少得斑斓，以就后人，或有何九叔墨骨之趣亦未可知也。

……

在佛罗伦斯住的那些日子十分之热，倒是在妮妮书柜里找到许多现代小说杂志，得到不少今天文学的教益。看到《收获》上徐迟和袁鹰的回忆文章，十分感动。要发动老辈同辈的来写二十、三十年代非“正史”的史，淹没了，太惨无人道!我那时太小，知道的已是后话，不配谈!谈，局面也小，冯亦代二老哥就能理直气壮地写一些事，写了，当然不够，要整本整本的写。

……

收你信不久，香港《大成》主编沈苇窗兄也去世了。一个活生生的人，死得让朋友心理准备都没有。过去，好些年才死一个老头子，后辈人从从容容寄托哀思，写了许多有意思的文章，沉重好长好长一段时候。现在一串一串地来，好像激情爱国者踊跃抢购公债券，前赴后继，不堪之至。让人连静默三分钟都来不及，像我，就欠了许多分量很重的情。表叔先走，接着是林风眠、李可染、陆志庠、余所亚、李桦、王震、朱光潜、张乐平、夏衍、叶浅予、郐荻帆、冯牧、孙浩然……写到余所亚、陆志庠，人越来越快，连我少年时关系最好的张乐平，正准备提神运气好好写一写的时候，李桦又死了，于是索性等这一帮老人告一段落再说。

……

古往今来，人情世事，各种面目，都只是循环故事；读读古书，想想熟人，大致都对得上号。能作闲谈只是肤浅和深刻的区别，分量轻重的好人与凶恶、滑稽的坏人而已；百年之后，交错更替，整人害人，受苦上当诸般人马各各谢幕下班，另一辈一批人上场，朝气勃勃，再演老本子，换的是一批新观众，再重新感动，重新上当。害人者受害者的情感和行为的发展演化，有心加上记性好和胆识健强者记下这些东西，便是历史；稍加串改，便叫“改良戏”。卡夫卡说过：“人要客观地看待自己的痛苦。”这跟我自小养成的脾气不谋而合。雷马克也说过：“没有根的生活是需要勇气的!”除了勇气，我还能靠吃什么别的高级食品长大？

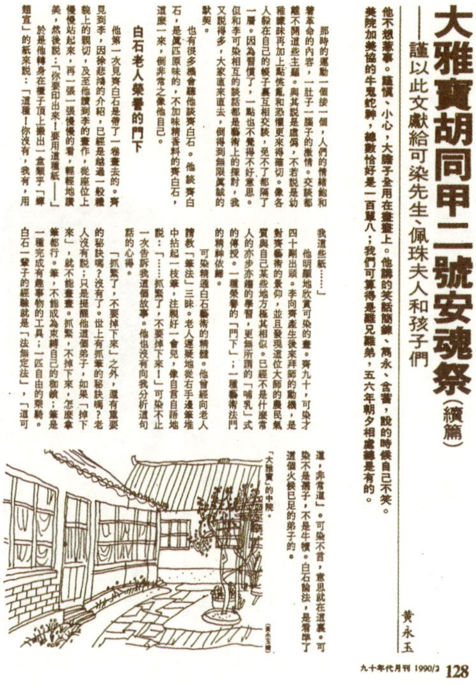

大雅寶胡同甲二號安魂祭（續篇）

——謹以此文獻給可染先生、佩珠夫人和孩子們

黃永玉

他不想惹事。謹慎、小心，大膽子全用在畫畫上。他講的笑話簡鍊、雋永、含蓄，說的時候自己不笑。美院加美協的牛鬼蛇神，總數恰好是一百單八；我們可算得是難兄難弟，五六年朝夕相處總是有的。

那時的運動一個接一個，人們的情緒飽和著革命的內容，一肚子一腦子的激情。交談都離不開這些主題。與其說是虛偽，不若說是幼稚，矇昧再加上點慌亂和恐懼更來得確切。像各人躲在自己的帳子裏互相交談，免不了都隔了一層。因為習慣了，一點也不覺得不好意思。但和李可染相互的談話都是藝術上的探討，我又說得多，大家直來直去，倒得到無限眞誠的默契。

也有很多機會聽他談齊白石。他談齊白石，是眞正原味的，不加味精香料的齊白石，這麼一來，倒非常之像他自己。

白石老人榮譽的門下

他第一次見齊白石是帶了一卷畫去的。齊見到李，因徐悲鴻的介紹，已經是越過一般禮貌上的親切，及至他讀到李的畫作，從座位上慢慢站起來，再一張一張慢慢的看，輕輕地讚美，然後說：「你要印出來！要用這種紙——」

於是他轉身在櫃子頂上搬出一盒類乎「蟬翅宣」的紙來說：「這種！你沒有，我有，用我這些紙……」

他明顯地欣賞可染的畫。齊九十，可染才四十剛出頭。李向齊產生後來拜師的動機，是對齊藝術的景仰，並且發現這位大師的農民氣質與自己某些地方極其相似。已經不是什麼常人的亦步亦趨的學習，更無所謂的「哺乳」式的傳授。一種榮譽的「門下」；一種藝術法門的精神依歸。

可染精通白石藝術的精髓。他曾經向老人請教「筆法」三昧。老人遲疑地從右手邊筆堆中拈起一枝筆，注視好一會兒，像自言自語地說：「……抓緊了，不要掉下來！」可染不止一次告訴我這個故事。他也沒有向我分析這句話的心得。

「抓緊了，不要掉下來」之外，還有重要的秘訣嗎？沒有了。世上有抓筆的秘訣嗎？老人沒有說；只是提醒他這個弟子，如果「掉下來」，就不能畫畫。抓緊，不掉下來，怎麼拿筆都行。筆，不能成為束縛自己的枷鎖；筆是一種完成有趣事物的工具；一匹自由的乘騎。白石一輩子的經驗就是「法無定法」，「道可道，非常道」。可染不言，意思就在這裏。可染不是孺子，不是牛犢。白石論法，是看準了這個火候已足的弟子的。

「大雅寶」的中院。

（黃永玉繪）

九十年代月刊 1990/2 128

一九九〇年发表怀念李可染等人的长文

沈从文

沈从文

永玉自述

表叔不在了，我倒觉得更难谈。许多他活着的时候我们不曾想过他的问题，现在想到了。我愈是觉出了他的深刻与博大，就愈是无法用我苍白的语言来表达。

过去的年代里我们把臆想中的一种恩怨强调到了极端，夸大它在我们生命中的分量，要么无限热爱，要么是刻骨的仇恨，而这一切，在表叔的身上不存在。

他能客观地看待自己的痛苦，对欢乐与苦难处之泰然。从容地、无声无息地、不停地发奋工作，在文化上坚持下去，从不灰心。他的深刻性要随着岁月流逝才能在另一个人的生命里呈现出来。

一九五〇年沈从文与香港来的黄永玉在家门前合影

“文革”期间黄永玉一家与表叔沈从文在一起

永玉自述

一辈子善良得不近人情，即使蒙恩的男女对他反啮，也是从不想到报复。这原因并非强大的自信，也不是没有还击的力量，只不过把聪明才智和光阴浪费在这上面，早就不是他的工作习惯。

我是特别喜欢从文表叔写的《长河》的。

要写历史，恐怕就是这种“长河”式的历史吧？

在表叔的所有文章中，《长河》舒展开了。

我想起从文表叔对于故乡的眷恋；他的文字的组合；他安排的时空、节奏的起伏、距离；苦心的天才给读者带来的诗意……

谁能怀疑他的文字不是爱抚出来的呢？

他的故乡，他的家庭，他的禀赋，他的际遇，以及任何人一生都有那一闪即逝的机会的火花，都是他成为文学家的条件。

在作品中，他时常提到故乡的水和水上、水边的生活。少年和青年时代，水跟船令他得到接触生活的十足的方便，加上年轻的活跃

《花环》，为沈从文小说《边城》插图，一九四七年

《吹笛》，为沈从文小说《边城》插图，一九四七年

“文革”期间黄永玉与表叔沈从文在一起

时光，自由的情感，以及对于自己未来命运的严肃的“执著”。

他说的那本“大书”，是他取之不尽的宝藏。他的用功勤奋，特殊的记忆力，都使他成为以后的这个丰盛的“自己”。

永玉自述

从文表叔的书里从来没有——美丽呀！雄伟呀！壮观呀！幽雅呀！悲伤呀！……这些词藻的泛滥，但在他的文章里，你都能感觉到它们的恰如其分的存在。

他的一篇小说《丈夫》，我的一位从事文学几十年的，和从文表叔没有见过面的前辈，十多年前读到之后，深受感动，他说：

“……这篇小说真像普希金说过的‘伟大的俄罗斯的悲哀’……”

永玉自述

我尊敬的前辈聂绀弩先生，因为他从来是个左派，几十年来跟沈从文有着远距离的敌视。六十年代初，绀弩老人从东北劳改回来，从我家借走一本人民文学出版社出版的沈从文作品选，过了几天，绀弩先生在我家肃穆地对我说：

“我看了《丈夫》，对沈从文认识得太迟了。一个刚刚二十一岁的青年写出中国农民这么创痕渊深的感情，真像普希金说过的‘伟大的俄罗斯的悲哀’，那么成熟的头脑和技巧！……”

我没有把绀弩先生的话告诉表叔。我深深了解，他不会在乎多年对手的这种诚恳的称赞，因为事情原本就是这样的。

前两年，我在表叔的陵园刻了一块石碑，上头写着：

“一个士兵，要不战死沙场，便是回到故乡。”

献给他，也献给各种“战场”上的“士兵”，这是我们命定的、最好的归宿。

黄永玉为沈从文墓地的墓碑题词：“一个士兵要不战死沙场，便是回到故乡。”

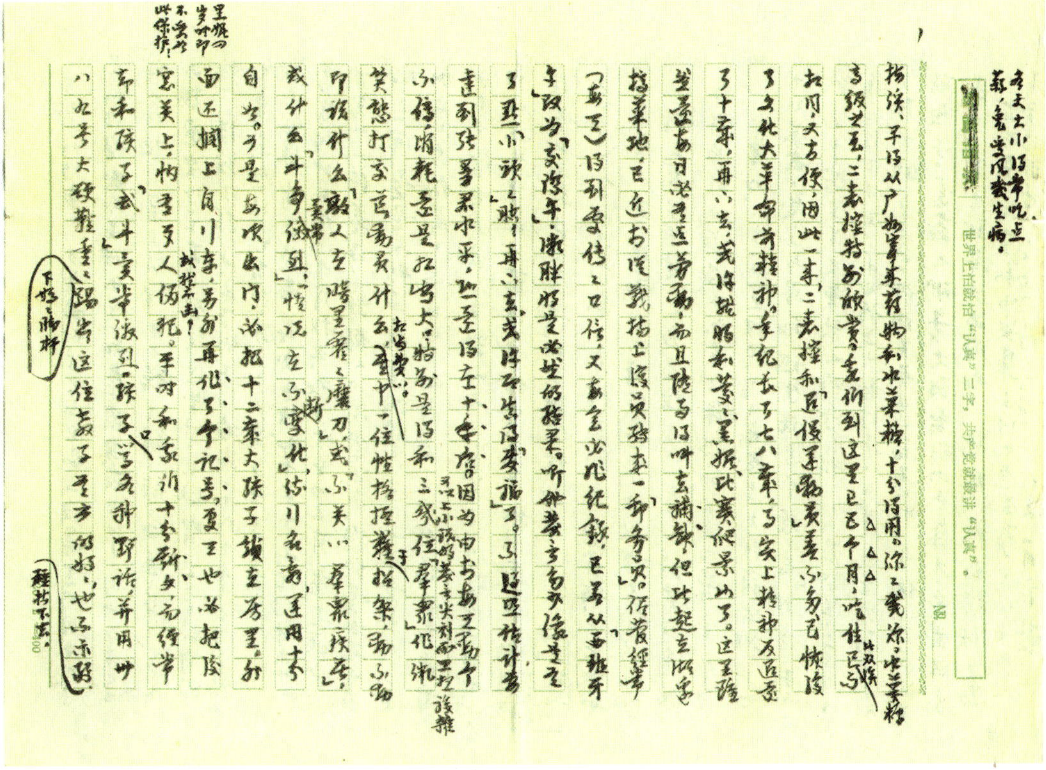

沈从文写给梅溪的信

沈从文致黄永玉、梅溪：

你俩小夫妇来，给孩子们真带来一份永久的春天！到现在，我们和石妈总还是把你们的善良和活泼，当成一个“漫谈”说下去。我觉得抱歉，即你们来时恰恰是我二十年中生活极不凑手，精神也不大好时。从不曾和你们好好地吃过一回饭，谈过一回话，玩过一两天。在云南乡下六年，那时房子虽不大，生活虽拮据，友好来到时，二表婶和我，还能用全副热忱来接待，掐大把山花插到土瓶中，送给客人。秋天来小院中波斯菊一片红黄照眼，我们不是和客人到山上仙人掌包围中的草坪里去看天云，就是在院子中一些煤油箱作成的椅子凳子间，吃橘子皮野果子作的糖酱。（这种客人思想也还是蛮前进的，工作极紧张的。）永玉为孩子们作的画像，看到的朋友都觉得自己如被画一下，十分幸运。因为几个专家也认为是“杰作”的，都欢喜的。可惜不为我画一个。……

广东的特点，你如不到北方，可不易叙述，能相互对

沈从文写给黄永玉的信

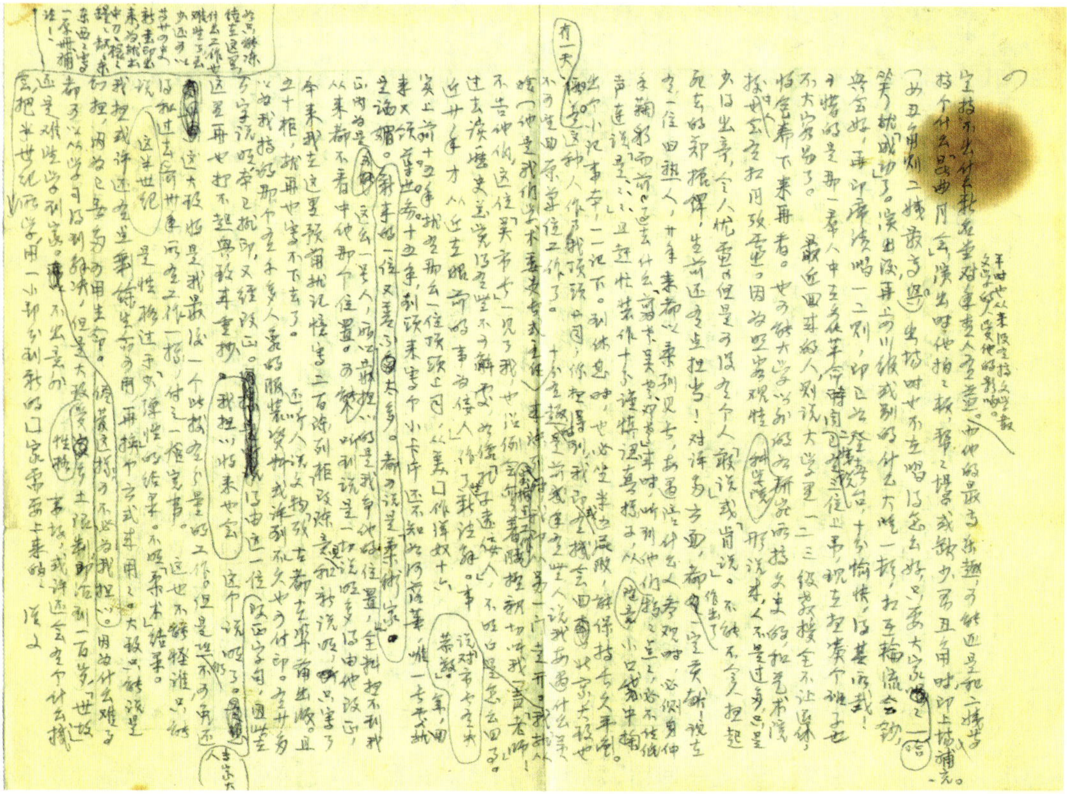

一九八二年，沈从文回到母校听课

照，自然景物和人事各种，就必然鲜明突出了。永玉将来还得到东北去走走，西北走走，看看云冈、敦煌和黑龙江的黑土，鞍山大铁矿，以及内蒙古包中的大小蒙古人，这一切对你们都需要，学画和文学全需要。可得先有个准备条件，即把身体弄好。你们两个都得在健康上也努点力。

沈从文致黄永玉信谈小说《来的是谁？》：

照你前信建议，试来用部分时间写点“家史并地方志”看看，让给你们一代和妮妮红红等第三代，也知道点“过去”和怎么样就形成“当前”，以及“明日”还可能带来的忧

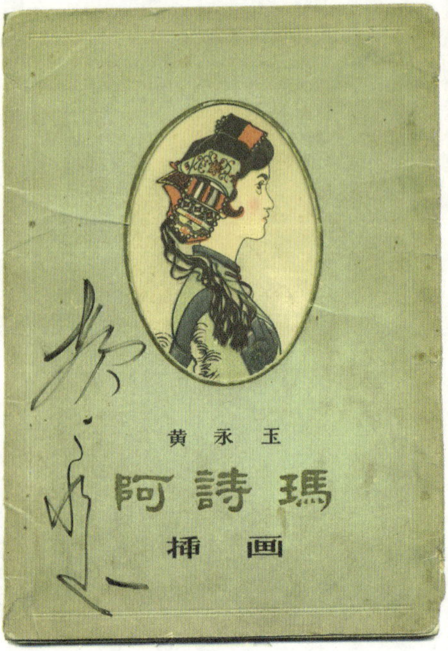

一九五七年《阿诗玛》插图集出版，书名为沈从文所题

一九六〇年为沈从文《龙凤艺术》一书设计封面

患。一切其实都有个因果联系。试写第一章，即引起了忧虑，是不是宜于让妮妮等看到？连自己也不大敢想下去了。因为求减轻读者情绪上沉重压力，将在叙述中加点“中和剂”，使得看来轻松一些。但这个引子，你那么大人看来，也就会吃一惊：“这可是真的？”“主要点就是真的。”好在这以下不是重点，重点将是近百年地方的悲剧和近似喜剧的悲剧，因为十分现实，即有近万的家乡人，已在这个历史过程中死光了。你我家里都摊了一份。

我们其所以能存在，一半属于自己，一面则近于偶然。特别是我的存在，好像奇迹！因为一切学习过程，就近于传奇。所以你的建议还是对的。以下写去，将研究如何写，效果会好些。大致前五章易处理，因为假定第一章是“盘古开天地”说起。（史书上没提到，而从近年实物出土写下去。）第二章将是二百年前为什么原因如何建立这个小小石头城，每年除公家“改土归流”兼并了所有土地，再出租给苗民，到处都设有大仓库收粮。省里还用十三四万民两经营。名叫辰沅永靖兵备道！这么个小小地方还有个三品官，并管辰州沅州两府所属十多县！第三章、四章即叙述这么一个小地方，为什么会出了三四个总督（等于省长）、四五个道尹（比专员大）或镇守使（等于师长）？随后还出了个翰林，转而为辛亥后第一任总理。另外又还出了大约两个进士（比大学毕业难）、四五个拔贡（比专科毕业难）、无数秀才，四五个日本士官生，上十个保定生，许多庙宇，许多祠堂。第五章叙述辛亥以前社会种种。假定可写十六章到廿章，前五章这么分配是恰当的。或许有两件事难于完成，一是我人七十岁了，在偶然事故中二十四小时内即将步大姑爹大表伯后尘，可能性完全存在。因为心脏高血压已到一定程度，近年半夜已起始咳“半声嗽”。（过去以为是“干痨”，现在明白是心脏血管关闭失灵，以血退回侵入肺部。）如进入第二期，将出粉红血沫，并声哑。第三期即完事。加上地下太湿（吃的倒蛮好，住的可湿得邪乎），两手风湿骨节疼已日益升级，右手已起始有点拘挛失灵。其次即今冬明春可望回去，如安排了未完工作，都会影响这一工作的继续。比较起来，当然还是及早能回去好。因为气候干燥些，冷热变化不那么剧烈，容易维持体力。这就得看“风向哪边吹”了，自己是无从做主的。动不了，即和搞田地活差不多，尽人力而听天命了。但如果是在此还能写得出近似“红卫星上天”规模较大叙事诗十来首，还是算得不辜负七十岁后余生。因为到一定时候，还会有人点头认可的。我自己可看不见了。房子太湿霉，还得想办法，不变成“霉豆腐”就好。

好的是心情永远不衰退，这也就是能活下去原因之一，不是“主要”的，但是“重要”的。所以人来看我时，总的印象是“我还乐观”。事实上正因此桌子上才堆满了写的不少已完未完的什么。还有个“谈书法发展”的五言诗，也有二千来字（内容不一般化，因为部分是地下新发现材料，谁也不明白），你读来或许还有趣味，这两天当为抄一份来。

这里最舒服事，即有了这种格子稿供应，一毛八分笔也还得用，又恰好拾了个旧方石砚。三者给了我便利不少！

寄来那个“北方志”引子和给蛮蛮二人的一信，你研究看看，不妨事，即寄给他们。不大相宜，即留下或寄还，且等待写到第六章时，再一同给他们看好。也许到了廿岁以后，才有资格看看，你斟酌好。

沈从文致黄黑蛮、黄黑妮书信谈《来的是谁？》：

二小将：

这是七一（一九七一）年儿童节一个礼物，正是你们脱离了“儿童”时期，需要读《三国演义》、《西游记》和《天

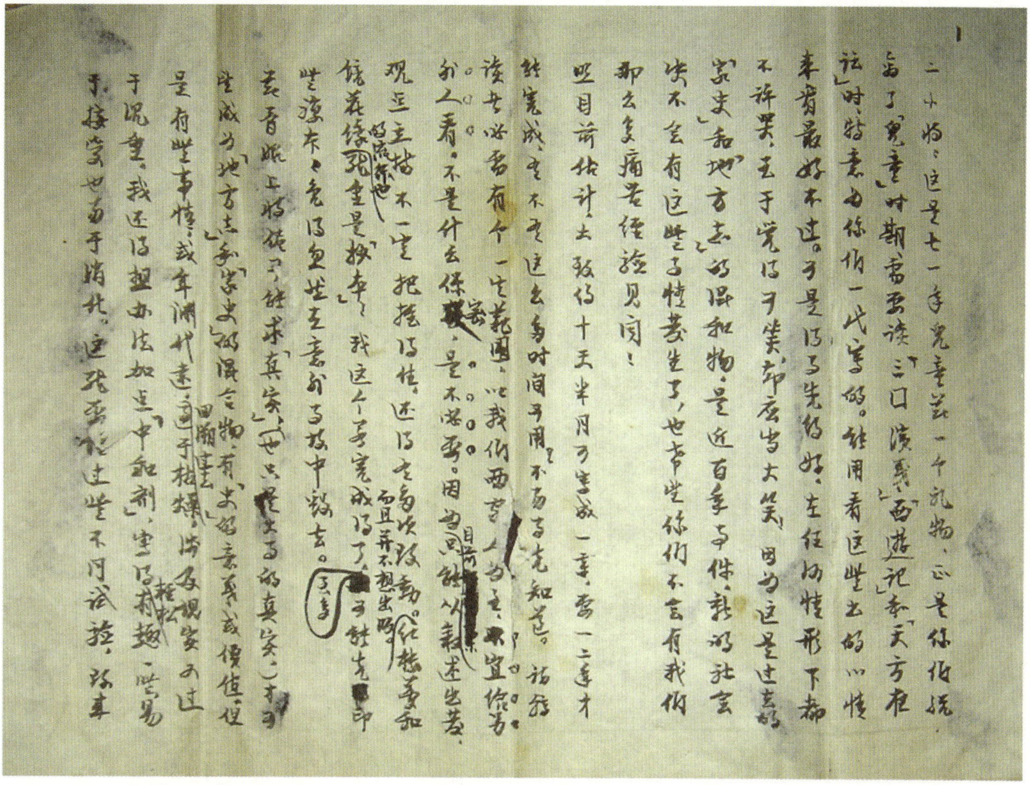

沈从文为《来的是谁？》写给黄黑蛮、黄黑妮的信

方夜谭》时，特意为你们一代写的。能用看这些书的心情来看最好不过。可是得事先约好，在任何情形下都不许哭，至于觉得可笑，却应当大笑！因为这是过去的“家史”和“地方志”的混合物，是近百年事件，新的社会决不会有这些事情发生了，也希望你们不会有我们那么多痛苦经验见闻！

照目前估计，大致约十天半月可写成一章，要一二年才能完成。有不有这么多时间可用？是不易事先知道。初稿读者必需有个一定范围，以我们两家人为主，不宜给另外人看。不是什么保密，是不必要。因为目前只能从叙述出发，观点立场不一定把握得住。还得有多次改动，而且并不想出版。《红楼梦》和《镜花缘》的流行也就全是“抄本”。我这个若完成得了，至多可能先印些复本，免得忽然在意外事故中毁去。兹看眼上将尽可能求“真实”！（也只是大事的真实）才可望成为“地方志”和“家史”的混合物，有“史”的意义或价值，但是有些事情，或年渊代远，回溯过去，过于枯燥。涉及现实，又过于沉重。我还得想办法加点“中和剂”，写得轻松有趣一些，易于接受也易于消化。这就要经过些不同试验，改来改去，因此每一章就得重抄三五次了。要加工又不失本意，当然难些。所以这个引子，抄过四次，就是三万二千字，因此以后十天半月能否完成一章，还不大敢保证！

这是由于你爸爸的建议而着手的，所以就把你一家作个引子，结束可就不免太惊人了。尽管当小说写，我算定还是会令一家人大吃一惊，特别是小黑妮，因为和《红灯记》上那个姑娘差不多，从来不会想到自己的姓还有问题！

有些旧事，我自己温习写来也还会有些感到紧张的。主要希望是能成为后一代一本“特别教科书”。还能从中得到一些知识，属于乡土背景的历史知识。许多事在家乡虽已成为“过去”，对我们一二代，或多或少还会影响到性格、生活、工作和思想方法，以及当前、明天的忧患。有好处也有坏处。对你们第三代，则希望能成为一种向前进取的力量。这希望可能大了些，未必能办到。但如善于学习，总还是有些益处，不下于《西游记》、《镜花缘》、《天方夜谭》。文字的处理和叙事方法，或者对你们也会有一定启发。虽然已近于古典的白话文，还是像有些新的东西。这稿件要想法好好保存，因为只有那么一份，我已无精力重抄。（又还有另一份工作待完成，分量重。）今年七十岁了，能不能把这两件事完成，已不大有自信心。可以当作小说看，可并不是一般“小说”！

爷爷

（一九）七一年六一

黄裳与汪曾祺

黄裳与汪曾祺

一九四七年，上海。从夏天到秋天再到冬天，每逢周六周日，热闹的马路上，多了三个年轻人结伴而行。

三个人都还不到三十岁——

黄裳，一九一九年出生，二十八岁；

汪曾祺，一九二〇年出生，二十七岁；

黄永玉，一九二四年出生，二十三岁。

他们要么走进咖啡馆，要么走进电影院，要么干脆就在马路上闲逛，从这头走到那头，再从那头走回这头。漫无目的地看街上风景，兴致勃勃地评说天下，臧否人物。三个人普普通通，不显眼，不夸张，大都市的一个点缀，大概谁也不会想到要好好地多看上几眼——除非有人能预测到三个人后来在中国文化界的特殊影响。

当他们如此这般在上海滩上结伴而行时，颇有“三剑客”的味道。不过，在文坛或美术圈，他们刚刚出道，虽然开始有人知道他们的名字，报刊或出版社发表或出版他们的作品，但成就显著，名

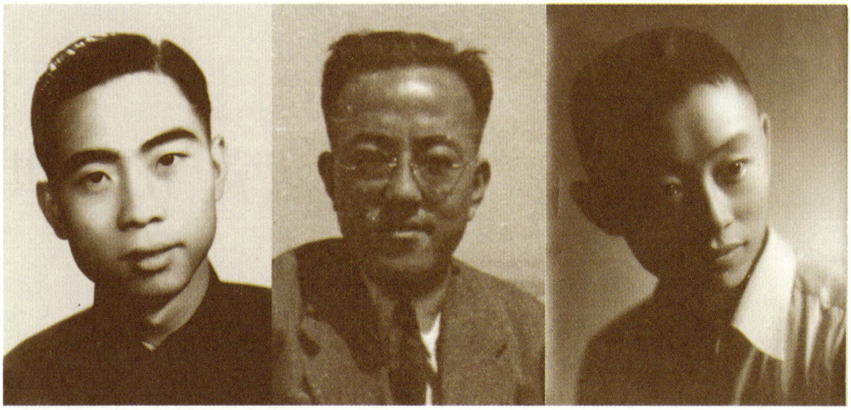

一九四七年上海的“三剑客”——汪曾祺、黄裳、黄永玉

声大振，则是以后的事情。

一九四八年三人各奔东西，无拘无束的交往只有一年左右时间，但是，一九四七年的结伴而行，却是他们的人生经历中无法割舍的一部分记忆。在后来的日子里，他们的往来没有中断，继续结伴而行，交相呼应。他们以各自的成就在文化界确立了特殊地位——黄裳以散文家、文史专家、藏书家而著称；汪曾祺以小说家、散文家、戏剧家而著称；黄永玉以画家、散文家而著称。从这一意义上说，称他们为“三剑客”，看来相当妥帖。他们手上，都有一把锋利宝剑。不一样的剑，不一样的剑法，挥舞出一样的风流。

永玉自述

黄裳很善于跟老一辈的人往来，既婉约而又合乎法度，令人欣赏。同学中也有许多有趣的、功力深厚的学人，如周汝昌辈。在他的好友中最让我感动的是那一门忠烈的黄宗江为大哥的黄氏家族，他们的交谊简直可写一部美丽的戏。

黄裳兄的书我几乎都读过，从上世纪的四七（一九四七）年到今天近六十年了。心胸是一件事，博识是一件事，多情又是另一件事；文章出自一个几十年自凌辱、迫害的深渊从容步出的、原本有快乐坦荡天性的山东人笔下，自然会形成一个文化精彩排场。

一个人的文章好，总是给人提供一些智慧的线索，正如托尔斯泰称赞契诃夫文章说的“既美丽又有用”。

黄裳兄这一生为书遭遇过烦愁也享受过泡在书里的快乐。人常常称呼这个是读书人，那个是读书人，要晓得，做一个真正的读书人可真不易。作家有如乐器中的钢琴，在文化上他有更全面的表现和功能。

一个作家归根结底是要出东西，出结实、有品位的东西，文章横空出世，不从流俗，敢于路见不平拔刀相助，闲事管得舒坦，是非晴明，倒是顾不上辈分和资格了。

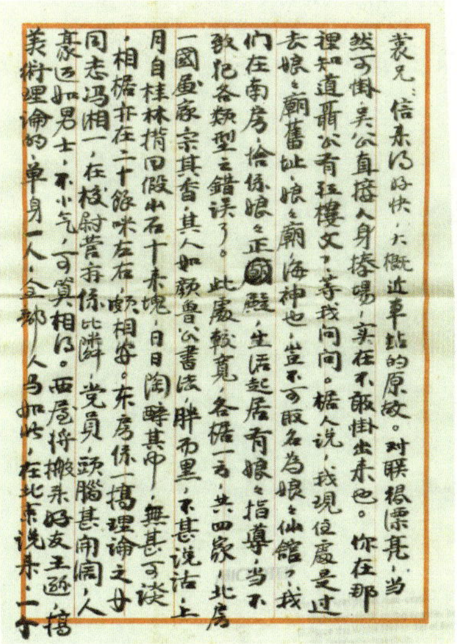
裳兄：信来得好快，大概近车站的原故。对联很漂亮，当然可掛，吴公真害人身捧場，实在不敢掛出来也。你在那裡知道蕭公有红樓文？等我问问。据人说，我现住处是过去娘娘廟舊址，娘娘廟海神也，岂不可取名为娘娘仙館？我们在南房，恰係娘娘正殿，生活起居有娘娘指導，当不致犯各類型之錯误了。此處較寬，各据一方，共四家，北房一國畫家宗其香，其人如顏魯公書法，胖而黑，不甚説話，上月自桂林揹回假山石十来塊，日日陶醉其中，無甚可談，相据亦在二十餘米左右，頗相安。东房係一搞理论之女同志冯湘一，在校尉营亦係比鄰，党員，頭腦甚開闊，人豪迈如男士，不小气，可算相得。西房将搬来好友王逊，搞美術理论的，单身一人，全部人為如此，在北京説来，一个

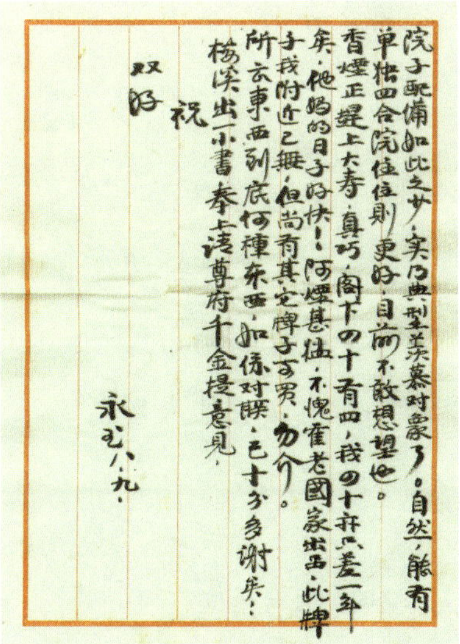
院子配備如此之廿，实乃典型羡慕对象了。自然，能有单独四合院住住则更好，目前不敢想望也。

香煙正趕上大寿，真巧，阁下四十有四，我四十只差一年矣，他妈的日子好快！阿煙甚佳，不愧雀老國家出品，此牌子我附近已無，但尚有其它牌子可买，勿介。

所云東西到底何種东西，如係对联，已十分多谢矣！

梅溪出一小書奉上请尊府千金提意見，

祝

双好

永玉 八、九、

一九六三年黄永玉致黄裳信

体系断层——给黄裳兄

不管你承认不承认，
你从小就在建立
　　情感体系
　　物质体系和
　　学术体系，
口袋里
让妈妈翻出来的
　　小石头和瓦片，跟
跟老大以后收藏的
古书和古董，
　　经历的得失和喜愁
有甚么分别？

童年的妈妈，
少年的同学，
青年的情人、战友，
中年共患难的相知，
老年所有过去的人影
　　是你的伤痛……

一个人在书房里，
一片纸

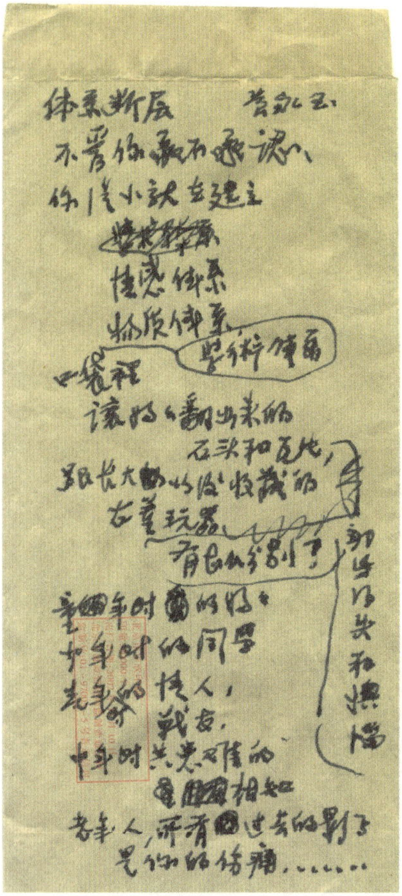

写在信封上的初稿手迹

被蠹鱼咬蚀的书，
七十年前几封女朋友的信和
　　一小把剪下的头发。
六十年前忘了兑现的稿费单和
　　没敢发表的旧稿，
五十年前几卷脸红的交待和
　　检查，
四十年，三十年，二十年，
被恐怖的抄家和
　　冷酷的发还，
于是老了……
不管是清醒还是紊乱，
换来温暖的迷茫……

二〇一一年十一月在上海与黄裳在一起，这是他们的最后合影

点评

在我的私见，他的画外功夫，以散文为第一。他的散文写作，也包括了许多方面。如极简短的配画的语录体短文，包含丰富的哲理意蕴；扩而广之的《水浒》人物画，题画不过简短的一两句，却能片铁杀人。如他画在五国城的大宋道君皇帝，如北宋名妓李师师，尽管她与周邦彦的故事，经王国维考证是莫须有的传说，却无妨作为画题。有时我觉得考据家往往是艺术破坏者，他们将许多美好的传说都糟蹋了。考据家破坏了多少人间好梦，但诗人画家却视而不见，任意而行。照旧说都是可以“得一大白”的。

希望我们都能保持“特别之鲜活”的脑子，像《沿着塞纳河到翡冷翠》中的文字和画笔似的鲜活。

——黄裳

点评

当年在上海，他和曾祺总是一起见访，一起小吃，吹牛，快活得很。他俩都是才人，所谈也都是妙事，不易忘记。曾祺到北京去了，通讯渐疏。永玉也在北京，想来他们一定过从甚密。曾祺的小说集《羊舍的夜晚》还是永玉为他作了木刻插图。想不到十六七年间他们见面不多。想来曾祺别有一个过从的圈子，我总想他们的不常在一起无论对曾祺还是永玉，都是一种绝大的损失。曾祺在“文革”后期，入样板团，以《沙家浜》一剧名世，还上了天安门。当时我在干校，为此还挨了一场批斗，思之惘然。

——黄裳

永玉自述

谈汪曾祺：

我的画只有他一个人能讲。我刻了一幅木刻，《海边故事》，一个小孩趴在地上，腿在后面翘着。他就说，后面这条线应该怎样怎样翘上去再弯下来，我按照他的意见刻了五张。

有一次，他来封信，说在秋天的黄昏，山上有一堆茅草，一只老虎钻了进去，阳光照在上面，有茅草和老虎花纹的线条，你能刻这样一幅木刻吗?

“反右”后，他被下放到张家口的农业研究所。在那里有好几年，差不多半个月一个月他就来封信，需要什么就要我帮忙买好寄去。他在那里还画画，画马铃薯，要我寄纸和颜料。

他在那里还继续写小说。写了一篇《羊舍一夕》，出书时，要我帮忙设计封面和配插图。我刻了一组木刻，有一幅《王全喂马》，刻得很认真，很好。一排茅屋，月光往下照，马灯往上照，古元说我刻得像魔鬼一样。

五十年代，为了帮助我理解齐白石，他还专门为我写了一篇小文章《一窝蜂》，只给我看的，没有发表过，稿子应该还在。他没有见过齐白石，但用小说样子来写。清晨，老人听到窗户外面咣当响了一声，是有人掀开盖煤炉的盖子。老人起来，走到院子里，又拿来不同颜料调。红的，黄的。走到画案前，开始画藤萝，藤萝旁再画蜜蜂，一只蜂，两只蜂，简直是一窝蜂。

他死了，这样的懂画的朋友也没有了。

和他太熟了，熟到连他死了我都没有悲哀。他去世时我在佛罗伦萨。一天，我在家里楼上，黑妮回来告诉我："爸爸，汪伯伯去世了。"我一听，"嗬嗬"了两声，说："汪曾祺居然也死了。"这有点像京剧《萧何月下追韩信》中，萧何听说韩信走了，先"嗬嗬"笑两声，又有些吃惊、失落地说了一句："他居然走了。"我真的没有心理准备他走得这么早，总觉得还有机会见面。他走时还不到八十岁呀！要是他还活着，我的万荷堂不会是今天的样子，我的画也不会是后来的样子。

他在我心里的分量太重，很难下笔。

点评

永玉是有丰富的生活的，他自己从小到大的经历都是我们无法梦见的故事，他的特殊的好"记性"，他的对于事物的多情的、过目不忘的感受，是他的不竭的创

……极了，简直把这间小屋要闹翻了，累坏了。……
他們完全忘記了現在是很深的黑夜。

六、明 天

明天，他們还会回味这回事，还会说、学、表演，……
而且等张士林回来一定会告訴张士林，会告訴陈……
美兰，并且也会說給大老张听的。将来有一天，……
一起，还会談起这一晚上的事，还会觉得非常愉快……
夜，他們笑够了，鬧够了，现在都安靜了，睡下了。……
隔不一会儿还会有人含含糊糊地說一句什么，不知……
着还是在梦里，后来就听不到一点声息了。这个……
中孳乳过、明亮过的半坡上的羊舍屋子，泛着……
包容在四山的广阔、丰美、充盈的暗夜中消融。一天……
地过去了。夜在进行着，夜和昼在渗入，交遞，……
的216次列車也正在軌路上奔驶。

明天，就又是一天了。小吕将会去找黄技师，……
心爱的嫁接刀。老九在大家的帮助下，会把行李……
起来，走上他当一个钢铁工人的路。当然，他会把……
的羊鞭交給留孩。留孩将要在这个“很好的”农场……
一名新一代的牧羊工。征兵的消息已經传开，……

《羊舍的夜晚》封面及插图均为黄永玉所作

作的源泉。

永玉的画和木刻的方向似乎是将要向相对的、装饰和抒怀的成分减弱，或者更恰当地说是把它们变得更深厚，囿在原有的优点中更浓重地发展了现实的和古典的因素，逐渐地接近于史诗的风格，更雄大，更深刻起来了。永玉的生活，永玉的爱憎分明的正义的良心都必然使他的画带着原有的和特有的优点作进一步的提高。他的作品的思想性会越来越强的。

黄永玉是个小天才，看样子即比他的那些小朋友们高出很多。

您怎么会把他那张《饥饿的银河》标为李白凤的诗集插画？李白凤根本就没有那么一本诗。不过看到了那张图，李很高兴，说：“我一定写一首，一定写一首。”我不知道诗还可以“赋得”的。不过这也并不坏。我跟黄永玉说：“你就让他写得了，可以作为木刻的‘插诗’。要是不合用，就算了。”那张《饥饿的银河》作风与他其他作品不类，是个值得发展的路子。他近来刻了许多童谣，构图都极单纯，对称，重特点，幼稚，这个

寄到永玉的展覽會上

汪曾祺

十二月四日北京

一九五〇年汪曾祺撰文评论黄永玉的创作

方面大概难于求惊人，他已自动停止了。他想找一个民间不太流行传说刻一套大的，有连环性而又可单独成篇章。一时还找不到。我认为如英国法国木刻可作他参考，太在中国旧有东西中掏汲恐怕很费力气，这个时候要搜集门神、欢乐钱马、佛像神俑、纸花、古陶铜器也不容易。您遇见这些东西机会比较多，请随时为他留心。

我想他应当常跟几个真懂的前辈多谈谈，他年纪轻（方二十三），充满任何可以想象的辉煌希望。真有眼光的应当对他投资，我想绝不蚀本。若不相信，我可以身家作保！我从来没有对同辈人有一种想跟他有长时期关系的愿望，他是第一个。您这个做表叔的，即使真写不出文章了，扶植这么一个外甥也就算很大的功业了。给他多介绍几个值得认识的人认识认识吧。

——汪曾祺

点评

上海的事情我是不能像永玉那样的生动新鲜地记得了，得要静静地细细地想，才能叫一些细节活动起来。对于永玉的画、木刻，也不能一闭目而仿佛如见之。造型艺术是直接诉诸视觉的东西，不能凭“想”的。永玉上海时期的作品，大都给过我深刻的印象，如《边城》，如《跳傩》，如《鹅城》，如《生命的疲乏》……

——汪曾祺

臧克家

臧克家

为臧克家诗设计的插图

点评

差不多他的每一幅新作，我有幸是最先的一个鉴赏者，有的，在它们还没产生之前，我便有一个轮廓了。永玉该不会忘记，两个人对坐在那张小圆桌那边，蹙着额，替三个孩子在大树下、草地上，听一位老头儿摇着扇子讲故事的那一幅取一个名字的那点苦趣；永玉也不会忘记他把《老鼠嫁女》和《海滨故事》的腹稿兴致勃勃向我讲述的那津津滋味……

我上海的那间小房子，就是永玉的木刻展览会，来往的朋友们都是他的观众。多数人对着他的作品，久久地出神，像发现了一个天才似的称赞着，并且拿他去否定别人——那算是什么东西呀！

——臧克家

聂绀弩

聂绀弩

永玉自述

想得最多的是绀弩。他咏林冲的两句诗“男儿脸刻黄金印，一笑身轻白虎堂”充实我那段时期全部生活的悲欢，感受到言喻不出的未来的信心。

绀弩明明年长我近二十岁，三十多年前他已不允许我称呼他作“先生”或“老师”了。“叫我作老聂吧!为我自己，为大家来往都好过些。”他说。当时我年轻，不明白为什么免了一些尊称就会使他好过的道理。

见到他，是在抗日战争胜利后的香港了，是四八（一九四八）年吧！有的先生前辈，想象中的形象与名字跟真人相距很远；见到绀弩，那却是极为一致。茂盛的头发，魁梧而微敛的身材，酱褐色的脸上满是皱纹，行动算不上矫健，缺乏一点节奏，但有一对狡猾的小眼睛，天生嘲弄的嘴角。我相信他那对眼睛和嘴巴，即使在正常状

一九四九年为聂绀弩《天亮了》设计封面

态，也会在与人正常相处中给自己带来负担和麻烦。

诗人胡希明（三流）老人曾在我给绀弩的一张画像上题打油诗时也说到他的皱纹，可见皱纹是从来就有的：

二鸦诗人老聂郎，皱纹未改昔年装。此图寄到北京去，吓煞劳工周大娘。（周大娘那时是邮电部劳工部长。）

“二鸦”是“耳耶”的变声，“耳耶”是聂的分析，“耳耶”这笔名却是在鲁迅先生文章中早就看到的。四十年代末、五十年代初，在香港绀弩却用了很多“二鸦”的这个笔名。那时他在香港《文汇报》工作，也常在《大公报》行走。我那时在《大公报》和《新晚报》打杂做雇工。

解放前后他正在香港。那时候的香港有如“蒙特卡罗”和“卡萨布兰卡”那种地方，既是销金窟，又是政治的赌场。解放后从内地逃到香港过日子的，都不是碌碌之辈。不安分的就还要发表反共文章。绀弩那时候的文艺生活可谓之浓稠之至，砍了这个又捅那个，真正是“挥斥方遒”的境界。文章之宏伟，辞锋之犀利，大义凛然，所向披靡，我是亲闻那时的反动派偃旗息鼓、鸦雀无声的盛景的。后来我还为这些了不起的文章成集的时候做过封面。记得一个封面上木刻着举火的“普罗米修斯”，绀弩拐弯抹角地央求给那位正面走来的、一丝不挂的“洋菩萨”穿一条哪怕是极窄的三角裤……我勉强地同意了。

……

在香港时，有一天他急着要我给他去找一本狄更斯的《双城记》，提到要查一查第一页那有名的第一段：“这是一个光明的时代，这是一个黑暗的时代……”似乎是要写篇对付曹聚仁的文章。后来，果然写出来了，不愧是一篇辉煌的檄文，革命的气势至今想来心情还不免汹涌澎湃。

《双城记》这部总体“古典”的小说，其中的人物却常使我闻到新的气息。比如那个吊儿郎当从容赴死的卡尔登，那个被押在暗无天日的死牢里的连意识都消磨尽了的老鞋匠。

绀弩不就是这些人的总合吗?

……

他和周颖大姐所能忍受到的人间辛苦，很多不是我们所能想象的。这样一来，他的卧床倒显得微不足道了。

绀弩已经成为一部情感的老书。朋友们聚在一起时一定要翻翻他。因为他是我们的“珍本”，是用坚韧的牛皮纸印刷的。

黄永玉画作《天问篇》

聂绀弩为黄永玉画作《天问篇》赋诗：

屈原清醒敢问天，千百年来一人焉。风雨雷霆都不怕，自称臣是水中仙。
我曾梦非天所宠，夜深不敢仰天眠。前怕狼，后怕虎，怕灶无烟锅无煮。
怕无首领入先茔，怕累一妻和两女。自笑梦胆空如鼠，醒逢天晴好端午。
诗人济济献诗黍，我亦随之倾肺腑。灵均灵均君何许。

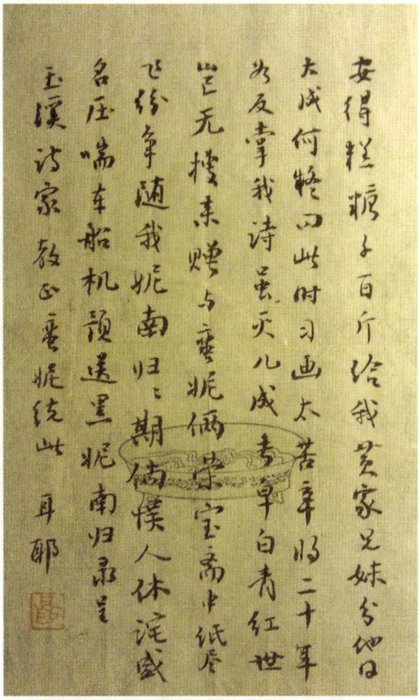

聂绀弩赠诗之一至今挂在黄永玉家中

聂绀弩赠黄永玉诗：

永玉迁居罐到罐，黑妮作画猫对猫。长年蹙缩惯已习，小可回旋倖便侥。旧屋倘和新屋比，这山望见那山高。君家定有难搬物，皂白青红纸笔刀。

夫作插画妻著书，父刻木刻子构图。四岁女儿闲不住，画个黑猫妙矣呼。此是凤凰黄永玉，一家四口斗室居。画满低墙书满架，书画气压人喘吁。偶尔开门天一线，鹅鸡狗兔乱庭除。道是米家书画舫，多他两代女相如。君家不乐谁家乐，一体浑然盘走珠。

萧乾

萧乾

点评

认识永玉其人的，而都知道性格上他也特别适宜描绘那喜悦的、明朗的。他来自粗犷而又秀气的湖南，为人活泼、直爽、奔放，永不失孩稚精神。对人世，他有的爱多于恨。如果我也是木刻家，我想永玉的确不难刻：一撮零散的头发披在一只圆脑壳上，闪烁在那脑壳上面的是一对永远睁大的眼睛和一张永远咧笑的嘴。脑壳里面控制着那眼睛和嘴的脑子，成天成夜关注的不外人间可以入画的具象。这浮漾在他粗犷的线条间的正是童稚、喜悦和奔放。

如果中国仍然遮蔽在黑暗中，永玉的画笔刻刀是与现实脱节的，因为他的笔下，缺乏讽刺，极少怨怼，也没有战斗。他注意的，显然是人生可喜，或至多是可怜的一面。他不会咬牙去恨，跺脚去骂。过去的生活环境决定了他……在座许多位艺术家，我

一九四七年编辑出版《英国版画集》时的萧乾与夫人格温

们应该可以有几位像永玉那样偏长于描绘欢悦的，尤其因为永玉的喜悦里没有轻浮，没有颓废，而是由卑微生活里溢出的纯真，代表的是湘西平原上健康的农民灵魂。

——**萧乾**

黄永玉一九四八年在香港为萧乾创作《生之序曲》，祝贺他们夫妇喜得公子，并发表于香港《大公报》

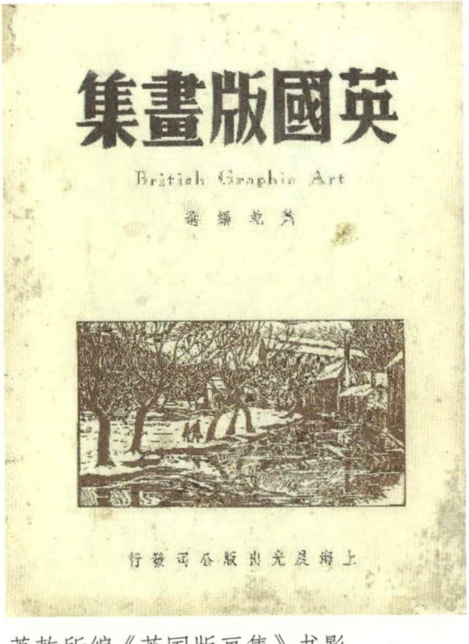

萧乾所编《英国版画集》书影

萧乾所编《英国版画集》插图之一

冯雪峰

冯雪峰

黄永玉与冯雪峰的寓言作品一直有缘，先为《今寓言》创作封面木刻，再为《寓言》创作封面和插图木刻。

初次见面后的一个成果，即是为作家书屋一九四七年版《今寓言》创作的封面木刻。木刻是一只狐狸，黄永玉擅长的动物形象。

再为冯雪峰寓言书设计封面和插图，是在五十年代中期。黄永玉回忆说，一九五三年他从香港到北京定居后不久，外文局的李荒芜就来请他为冯雪峰的外文版《寓言》设计封面和插图。我所搜集到的《寓言》有两种，一是一九五五年外文出版社的法文版，一是一九一六年作家出版社的中文版。可见，当年冯雪峰的寓言重新编选出版，应是外文版在前。

巧的是，我所买来的法文版精装本《寓言》居然是图书样本，多了扉页上张贴的一张最后发稿单，其内容为字数统计、页码、价格、印数等。法文版《寓言》为十六开精装，封面为绿色。当时有无英文版《寓言》，尚未查证。

二十世纪五十年代为冯雪峰的《寓言》设计的封面与插图

中文版《寓言》初版时间为一九五六年二月。我买到的为同年七月的第二次印刷，此时印数已达六万六千册，可见该书当年颇受欢迎。中文版是三十二开平装本，封面木刻与法文版相同，唯封面颜色改为深红色。中文版出版说明写道：“本集收寓言七十一篇。其中《蛇的绞杀战》一篇作于一九五二年，其余都是一九四七至一九四八年在国民党统治区所作，这次由作者从已出版的寓言集中选出，文字上也经过一些修改。”由此可见，《寓言》是《今寓言》的延续。

永玉自述

一九五三年我刚到北京不久，外文局的李荒芜兄就来联系为雪峰先生刻寓言插图的事。工作很快就开始，也很快就完成，大概是十幅吧！

又是适夷先生通知雪峰先生要见我，地点在苏州胡同东口附近某号某号（六十年代后适夷先生住在那儿）。我住处大雅宝胡同和苏州胡同都在东城，骑自行车应是容易找到的。晚上，却是下着大雪，进东口不远，大雪纷飞之下墙根电线柱旁站了个人，下车一问，竟是雪峰先生，他说住在还要拐一个小胡同的里面，怕我找不到，所以等我。

屋子冷清，夫人见了面，一位年轻人倒来热茶，坐定之后，雪峰先生说满意我的插图，跟上海时刻的风格不一样了，又问我教学工作顺不顺利，然后他说出版社给我的稿费太少，他拿的稿费很多，这不公道，要私人给我一些钱。我说出拒绝的理由和谢谢好意的话，他迟疑了，然后说：“你稍等等。”进房去了一阵，带出一本《苏联版画集》来：“这是鲁迅先生送我的，当时我在‘地下’，来回带着不方便，所以没有题字，多少年放在义乌家乡，这次搬书一起带出来，给你作纪念吧！”

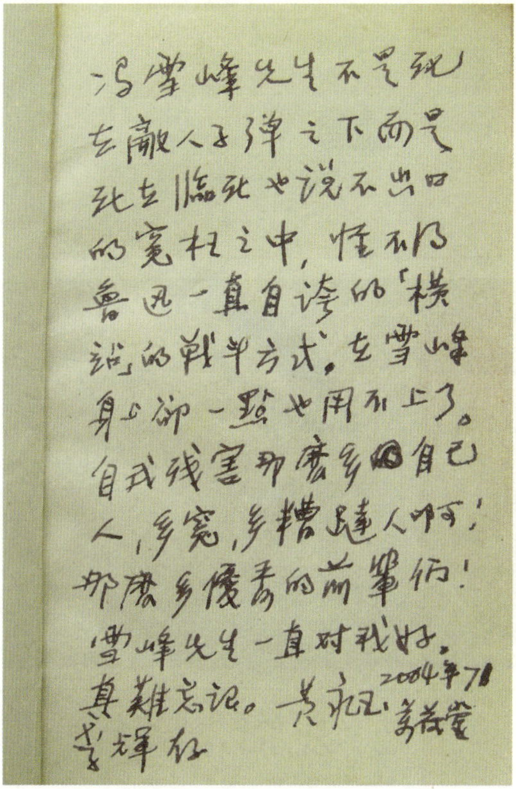
冯雪峰先生不是死
在敌人子弹之下而是
死在临死也说不出口
的冤枉之中，怪不得
鲁迅一直自誇的「横
站」的戰斗方式，在雪峰
身上却一点也用不上了。
自我残害那么多自己
人，多冤，多糟蹋人啊！
那么多優秀的前輩們！
雪峰先生一直对我好。
真難忘记。黄永玉 2004年7月 万荷堂
李辉存

黄永玉在李辉藏《寓言》扉页上写的题跋

在中文版冯雪峰《寓言》扉页题跋如下：

冯雪峰先生不是死在敌人子弹之下而是死在临死也说不出口的冤枉之中，怪不得鲁迅一直自夸的“横站”的战斗方式，在雪峰身上却一点也用不上了。自我残害那么多自己人，多冤，多糟蹋人啊！那么多优秀的前辈们！雪峰先生一直对我好，真难忘记。

夏衍

夏衍

永玉自述

夏公后来调到北京来当部长，黑蛮和黑妮国际儿童比赛得了金牌。我家已从大雅宝胡同搬到美院北宿舍了，不知他从哪里得到消息，来宿舍看孩子了，变戏法似的从大衣口袋里一件件掏出外国彩色铅笔、木雕大笨象，手套还是围巾，说自己官僚主义，孩子双双得了国际奖，现在才来祝贺……

版画系那时候经费少，听说某个山村调整耕地有几十万斤的大梨树要砍伐下来，这是千载难逢的机会，版画系正缺这么理想的刻木刻的木料，夏公知道这个消息说：“正好部里还有点剩钱，要学院明早送个报告来我批一下，赶快买下它。木料买来马上不能用，要多搁几年，好木料是不等人的……”

几十万斤梨木是买下了。只是多少年来每逢“反贪”或“精简节约”运动，都要挂一挂这些木头。木头照用，意见照提。到了“文

黄永玉作夏衍肖像木刻

革”批“四条汉子”时，那几十万斤梨木也曾上纲到我与“四条汉子”的勾结上来，侥幸没有什么下文……

文艺界对于夏公，没有人当他是官。是兄长，是慈祥热心的叔叔伯伯。和其他当官的老前辈很不相同。

“文革”后从秦城监狱释放出来，他短了一截脚，进屋刚坐定，多年卧在床底不出来的老猫认出了他，艰难地爬到他脚下绕圈，第二天，死了。它等了夏公十一年……

文化头头们最不怕背“人道主义”十字架的，怕就是夏公了，想想他那几部《早春二月》、《舞台姐妹》和《林家铺子》等电影。他的思想一直很先进。

“文革”前《光明日报》上登过我一篇有关儿童教育的文章《教

子篇》，我响应潮流说了一些教育孩子不应忘记过去的苦难之类的话。夏公用“黄似”的笔名写了一篇小杂文对《教子篇》提出新义，他说：“……更要教育孩子如何迎接未来……”

瑞士剧作家弗里德里希·迪伦马特那本《老妇还乡》是我带给他看的。之前我就想过，只要他一出秦城监狱，我就给他送去。我说：“你看，你看，多么像我们的‘老妇’，要能演出来就好！”

几天后他托了位什么人来转告我：

“果然精彩！”

不久，北京人艺《老妇还乡》演出了，夏公一定是出了力气？我还写文章在《人民日报》上捧过场咧！

黄苗子与郁风

黄苗子与郁风

永玉自述

苗子和郁风兄嫂这么一对文雅、旷达的夫妇，能想象他们是从血海和无尽的灾难中活过来的人吗？对于悲苦、负义、屈辱……他们只是付之一笑。那么洒脱，那么视之等闲——进入死亡深渊而复从死亡深渊爬出，有如作一次风景绮丽的轻快旅游而神采淡远，真不可思议。

……

事物发展从一般到特殊，情感交往也是如此。回到北京，经过了这三十多年，我才真正地认识了苗子、郁风夫妇。有他们两位朋友，我这一辈子的情感光彩之极。

我们在互相信任中互相欣赏，没有世俗的价值观。有一本书，听到个好曲子，一个有趣的笑话，一个坏人的消息，一个好运气，一些好吃的东西，一些不平事，自己画了幅得意的画，自以为称心的诗，

二〇〇四年十一月和老友黄苗子（右）在一起

甚至是别人作的一副好对联……第一个想到的就是苗子、郁风，连忙地告诉他们，或是上他们那儿去，或是请他们到这儿来。

世人有没有意识到，弱者也有夸耀之处？那就是"相濡以沫"。朋友的思念，会心的三两句话，足以微笑地面对艰难困苦和死亡。

苗子东北劳改几年，"文化大革命"十年，苗子、郁风坐牢几年，然后两夫妇出狱。住团结湖北里是近年的事了。

苗子劳改去了，郁风捏着苗子从东北寄来的第一张明信片乐呵呵地朗诵：

"'……穿过森林，翻过了岭，啊！好一片北国风光！'你看，你看，他还有这个雅兴！还'北国风光'……"接着就像往常一样地大笑起来，并且把明信片交给我，要我也照样朗诵一次，接着也是笑个不止。

我家乡有句谚语：“叫花子困‘凌沟板’（冰块）唱雪花飘飘——苦中作乐。”这两口子实际上已经身临绝境。一个充满诗意在东北劳动，一个苦守寒窑得来信却大为欣赏而大乐。真是少有。

冰毛自述

苗子兄对学问，对过日子，对人都是那么从容温润，所以他能活到一百岁。

对世界，他不计较。

苗子脾气和顺，闲适，宠辱不惊，自得其乐，连害病都害得那么从容。躺在医院几年，居然还搞书法送人，作诗与朋友唱和。

一个人怎么可以弄成这种境界呢？可能是从小得到有道德、有学问的长辈熏陶，加上青年时代的运气和敏慧，吴铁城、俞鸿钧诸人的提携，本身优良的素质，做了大官没有冲昏头脑，没有腐化堕落，常年与书为伴，懂得上下浮沉的因果关系的缘故。解放后面对没因由的坎坷那种从容态度，不是普通人做得到的。所以“仁者寿”。

对于苗子兄的一生，觉得他有一件大事没有做。他“王顾左右而言他”，他来得及的时候没有做（比如从秦城监狱出来的时候，他跟人常作诗唱和，认为十分有趣开怀，其实浪费了情感和光阴），甚至根本没有意识到应该做，或早已意识到该做而为某种戒律制约没有做，那就是写一本厚厚的、细细的“回忆录”。

串在一起的大事，零零碎碎的小事，没有人有你的条件，有你的身份，有你的头脑，有你的记忆力和才情。这会是一部多么有用的书，多么惹人喜欢的书！多么厚厚的一部重要的历史文献……

你看你看！你不抱西瓜抓芝麻。你看你居然就这样死了……

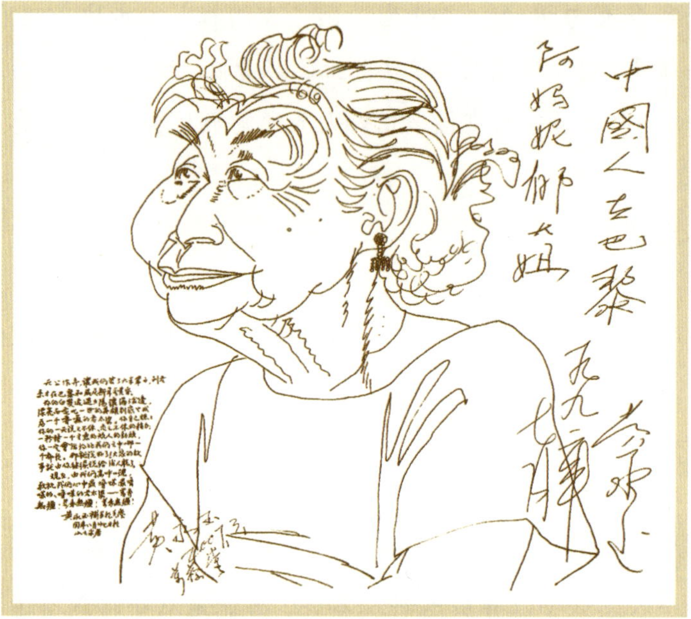

黄永玉笔下的郁风漫画像

永玉自述

说这个人充满童心可一点都不假。连辩论都搞意识流……

她的一生全沉浸在花非花雾非雾、胎儿思维之中。

这就是郁风，八十多岁的郁风，一肚子储存尽是这些天真东西的郁风，谁怎么忍心把她关在秦城监狱七年半呢？

人间的快乐不是跪着求来的。

剪掉了翅膀，那还算什么鸟？

快乐既不论贫富，也不论年纪老……

一切郁风的时代都过去了。即使最艰辛的岁月也没见她哭过，有一次大家偶然地谈到被打成右派的英雄戴浩，她忽然严肃起来：

一九七五年刚刚出狱的黄苗子、郁风和小儿子大刚、二儿子大威的未婚妻小林在芳嘉园院子里合影

“我一生最对不起的是孙玫，那时她那么小，才二十二岁，抱着两个月大的孩子……”她哭了。

她像地母为那个时代悲伤，而忘了自己满身伤痕。

点评

二〇〇七年第六期的《收获》，刊载了题为《我的世纪大姐》的文章。一个漂亮的人生，在我的面前一遍遍回放，哪怕她只是“静静地、宽坦地、容忍地、快乐地对历史作出了一点只有熟朋友才清楚的贡献”。黄永玉在给老朋友郁风的钢笔速写中题过这样一句，“你自己瞧瞧，你的一天说之不休、走之不已的精力，一秒钟一个主意的烦人的劲头，你一定会活得比我们之中哪一个都长。那就说好了，大家的故事就由你继续说给后人听了”。不知写下这席话时，黄永玉的眼中是否噙满了泪。从《比我老的老头》到《我的世纪大姐》，几年过去了，他正一点点谱写下那些平凡而值得敬畏的故事。时间不露痕迹地将历史的这一页重重地翻去。

老人们回忆起它时，唯有四个字——沧海桑田。

命运将这代人掀起又抛下。他们笑着，挽着，搀扶着，从那个黑色年代的阴霾里一步步走来，却又不得不在新世纪的晴空下，相继离开。真正经历过生命的大沉浮的人啊，才能像他……

——茉莉

点评

和永玉做朋友，有时使你感到气喘；几个月不见，忽然在报上看到他的诗集《曾经有过那种时候》获得了《诗刊》的全国新诗评比第一奖；又好几个月不见，他的寓言画册《罐斋杂记》第三本在香港出版了，获得了海内外的称誉。又过一个时候，意大利大使馆来个请柬，由于他的作品在意大利展览，他获得了意大利政府的骑士勋章。又过一个时期，《新观察》杂志发表出一组连载《吴世茫论坛》，连我们最钦敬的前辈夏衍老人，也由衷地称赞这位自称“老汉我”的作品。这种来势汹汹的“十八般武艺”，真叫你应接不暇。

我常说：神仙中最恶毒的莫如太上老君，《神仙传》里没有说他

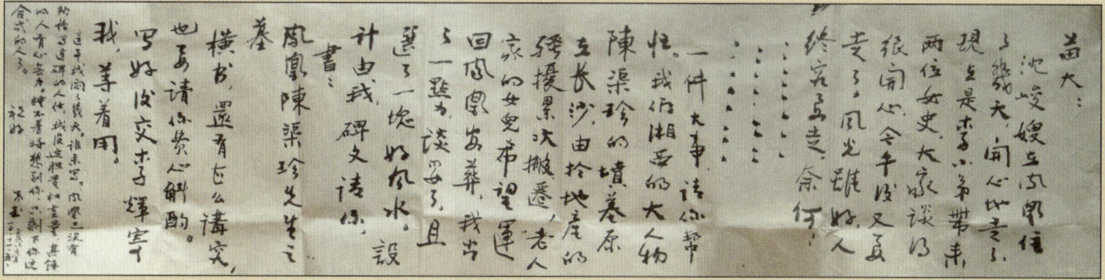

黄永玉致黄苗子信手迹

把多少生灵扔进过炼丹炉里去（这可不是闹着玩的），可偏遇着“俺老孙”——孙行者，不但没有化为灰烬，还越炼神通越大，炼就一双金睛火眼。可见，几十年来，江青之流，也“培养（？）了些人才”！

黄永玉，就是这么一个古怪的土家族人。

永玉是笑话大王，他可以在同朋友谈天中连续讲一百个笑话。但这只能说明他的个性和生活爱好，而并不能说明他的创作是从他平日积累下来的笑话中产生的，不管是《罐斋杂记》、《吴世茫论坛》，或是他笔下的水浒人物，都不是照搬他讲过的笑话，因为幽默不是廉价的滑稽，而是让你眼泪向肚里流的一种快感。

——黄苗子

吴祖光

吴祖光

点评

我在一九四二年抗日战争时期的陪都重庆创作的《风雪夜归人》话剧，经历了整整四十年的风雪又在北京上演了。在演出的约两个月的最后两场时，永玉头一晚看了戏，第二晚又早早来到后台，为每一个感到十分幸福和兴奋的演员画了速写像。画家用蘸满墨汁的水笔勾勒出每一个准确刚劲、形神兼备的线条，一个个活生生的剧中人物跃然纸上。每一幅画大致只用五分钟左右的时间，围观者时时发出惊诧的声音。惊叹于天才与功力的结合使画家的手具有这样神奇的魅力。

我和永玉相识于一九四八年的香港，订交三十余年，深知他是一个行侠仗义、肝胆相照的朋友；在艺术上有超人的禀赋，不仅以画

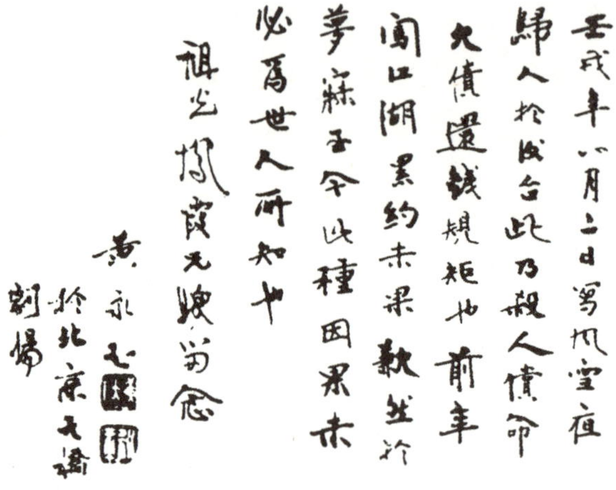

为吴祖光所画一组话剧人物速写发表于《〈风雪夜归人〉的舞台艺术》一书

称绝，近年来他不断发表的诗和散文，文情并茂，风格新颖独特，同样令人叹服。上述《风雪夜归人》舞台人物速写后面的七十五个字的跋语，记述了他对朋友哥儿们的深挚情意，使我受宠若惊，也深深感动。

——吴祖光

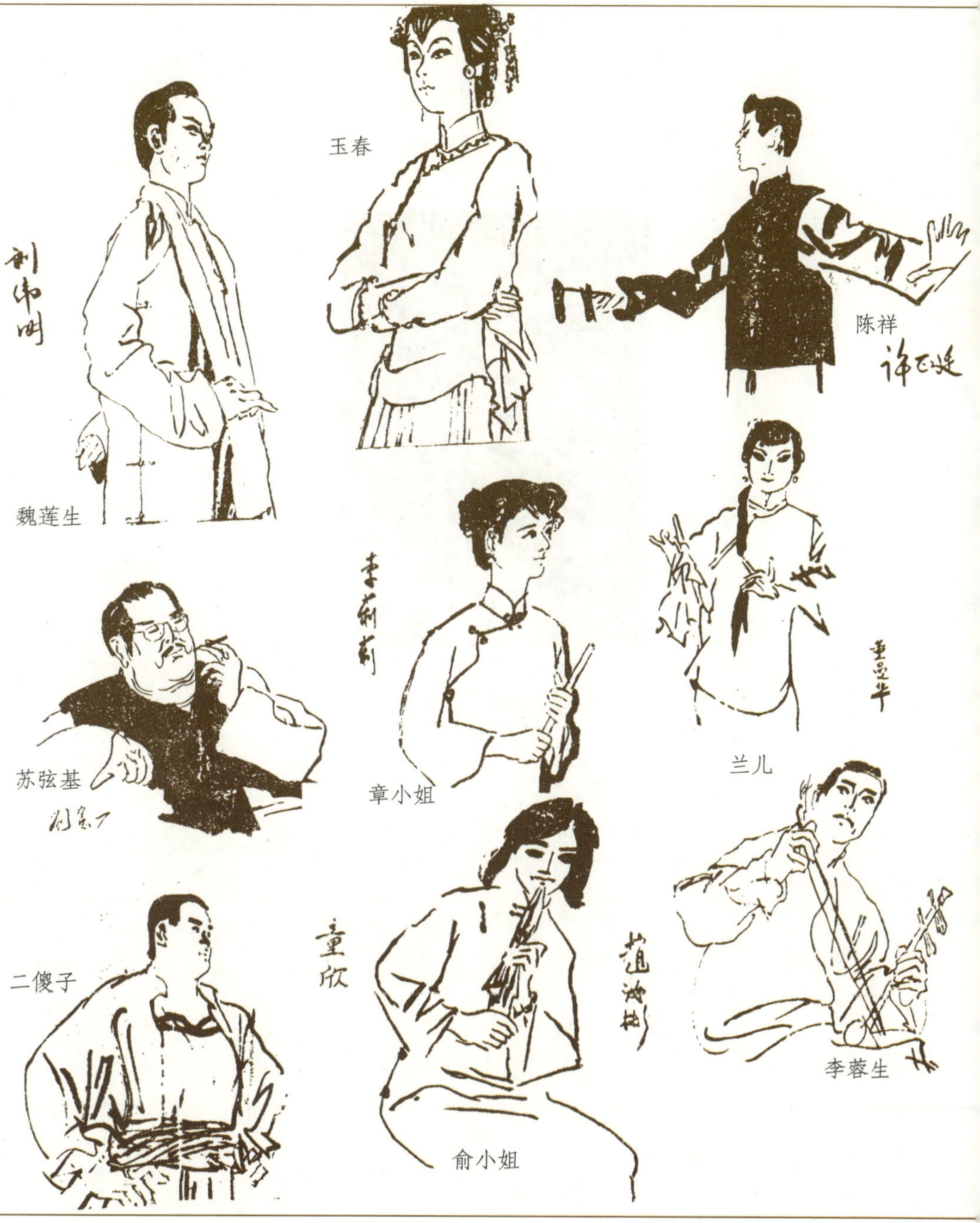

《风雪夜归人》人物速写

杨宪益

杨宪益

杨宪益赠黄永玉诗《黄永玉在香港办画展书此致贺》：

七十言无忌，
画笔更有神。
天涯但遥祝，
相会待来春。

杨宪益诗集《银翘集》封面，由黄苗子题签

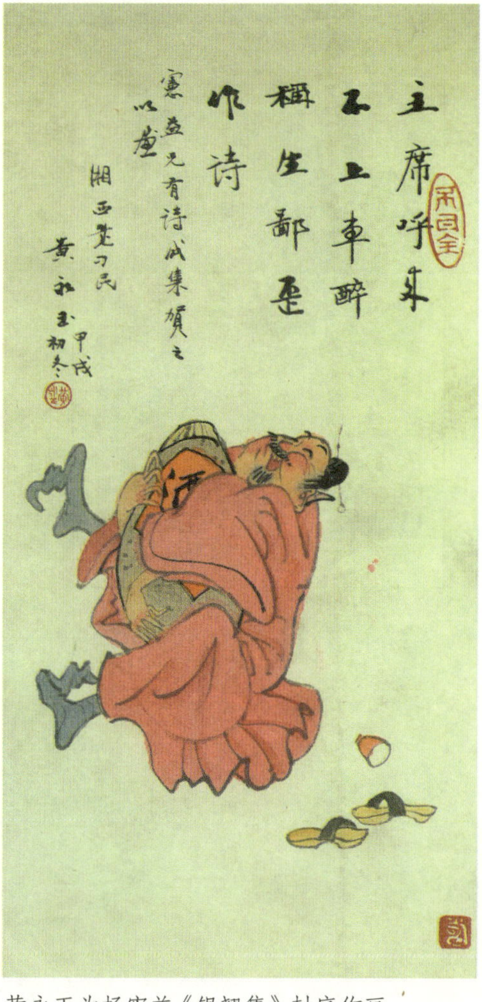

黄永玉为杨宪益《银翘集》封底作画

巴金

巴金

永玉自述

巴先生自己写的书，翻译的书，出的别人的书，我几乎都读过。认识新世界，得益于这些书最多。我觉得他想的和该讲的话在书里都写完了，他坐在椅子里，脸孔开朗，也不看人，那个意思是在等人赶快把话讲完走路，却又不像。他仍然喜欢客人在场的融洽空气的，只是难插一句腔。

巴先生有一张积压众生苦难的面孔，沉思、从容，满是鞭痕。

巴先生一生辛劳，不光是累，也美。

他和数不尽的好友——

陆蠡、朱洗、丽尼、师陀、朱雯、许天虹、李健吾……耕种长满鲜花的花园。

我是闻着这座花园的芬芳长大的。

女儿今天早上说：

“文化人好脆弱，容易在大时代夭折凋零……”

《你是谁？》

你是谁？
从哪里来，到哪里去？
你是战士，还是刚出狱的囚徒？
是医生，还是病人？
是神父，还是信徒？
是作曲家，乐队指挥，还是
嘹亮的歌者？
是牧人，还是羊？
是摆渡者，还是河？

《你是谁？》诗手稿

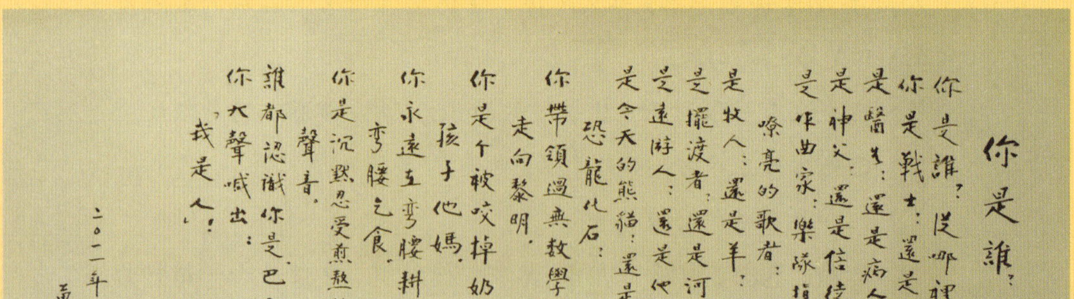
你是誰？ 黄永玉
你是誰？從哪裡來，到哪裡去？
你是戰士，還是剛出獄的囚徒？
是醫生，還是病人？
是神父，還是信徒？
是作曲家，樂隊指揮，還是
嘹亮的歌者？
是牧人，還是羊？
是擺渡者，還是河？
是遠游人，還是他背上的包袱？
是今天的熊貓，還是十幾萬年前的
恐龍化石？
你帶領過無數學齡前兒童
走向黎明。
你是個被咬掉奶頭、捫着胸痛的
孩子他媽。
你永遠在彎腰耕耘而不是
彎腰乞食。
你是沉默忍受煎熬的，拉扎，從不叫出
聲音。
誰都認識你是巴金，
你大聲喊出：
「我是人！」
二〇二一年十月十二日
萬荷堂

是远游人，还是他背上的包袱？
是今天的熊猫，还是十几万年前的恐龙化石？
你带领过无数学龄前儿童走向黎明，
你是个被咬掉奶头、扪着胸痛的孩子他妈。
你永远在弯腰耕耘而不是弯腰乞食。
你是沉默忍受煎熬的“拉（奥）孔”，
从不叫出声音。
谁都认识你是“巴金”，
你大声喊出：
“我是人！”

二〇一一年画巴金像并题诗

鲁迅

鲁迅

永玉自述

翻开中国新木刻运动史，就可以发现以上的木刻先进们的名字，大多数是由鲁先生亲手哺育成长起来的第一批木刻工作者。因此，鲁迅先生不只是中国的新文学之父——同时还是中国新木刻之父；没有鲁迅先生，也许就没有新木刻出现，即或会出现，也不会像今天这样健康的茁壮发展起来。

……

是一九四七年四月间的事：

在上海大新公司开的全国第一届木刻展览会场，遇见了那时还未回日本的内山完造老先生。他是鲁迅先生的好友，我们请他谈一谈中国新木刻最初期的情况。内山完造先生随即介绍在他旁边不发一言的雕刻家内山嘉吉先生给我们认识。他说约莫在一九三〇年的时候，鲁迅先生办了一个木刻讲习班，那时担任讲师的就是内山嘉吉

中國新木刻之父——魯迅先生

黃永玉

中國的新木刻藝術運動自從一九二九年發展到今天，已經二十三個年頭了，我們沒有一刻忘記了魯迅先生。由於他的提倡和培植，由於他肯定了新木刻藝術在新文藝運動中的積極意義的天才的預見，作爲革命的武器」，二十三年來，新木刻藝術已經成爲新文藝戰線上主要的部門隊伍之一。在藝術崗位上新木刻工作者，和漫畫工作者以及其它各部門文藝工作者，已成爲並肩作戰的友軍，完成了歷史付予的任務。

自從毛主席在延安文藝座談會上的講話「論文藝問題」發表以來，一切進步的文藝創作都有了新的面目，那時廣大的解放區的木刻工作者，因爲正確地運用了毛主席指示的創作方法，因爲木刻藝術在創作上的客觀優越條件，木刻運動在解放區得到了非常理想的成就；這種成就，即成爲今天新中國新美術創作方法的基礎和典範。

在藝術史上，我們光榮地寫出古涵，力羣，江豐，沃渣，李樺，野夫，烟橋，新波，少其，一川，古元，以及先後犧牲的羅清楨、溫濤，這些優秀的木刻工作者的名字，我們將爲此而感到驕傲。

翻開中國新木刻運動史，就可以發現以上的木刻先進們的名字，大多數是由魯迅先生親手哺育成長起來的第一批木刻工作者。因此，魯迅先生不只是中國的新文學之父——同時還是中國新木刻之父；沒有魯迅先生，也許就沒有新木刻出現，即或會出現，也不會像今天這樣健康的茁壯發展起來。

魯迅先生是在怎樣的情況下提倡和培植起木刻藝術來的呢？首先，他確定木刻藝術是一種在當時的半封建、半殖民地的國家中最適於作文藝的「游擊戰」和「陣地戰」的武器；尤其對於非「大師」的藝術青年的客觀創作條件說來，是最適宜不過的。魯迅先生在「藝苑朝華叢刊」第五輯「新俄畫選」小引上說過木刻的功利性：

「中國制版之術，至今未精，與其變相，不如且緩，一也；當革命時，版畫之用最廣，雖極匆忙，頃刻能辦，二也。」

正因爲木刻藝術是服務於廣大勞動人民的，它的創作者必然也來自廣大的勞動人民當中，因此，他們一定缺乏繪畫的基本訓練，缺乏理論和技術的修養，這一切，魯迅先生是深深理解的。所以他除了解答跟藝術青年們通信，爲他們解決創作上的困難之外，（根據「魯迅書簡」的統計，談木刻的通信，就有七十七封之多。）還在相當困難的時候，花去不少的精力，花去自己版稅得來的錢，印了不少有關於木刻和介紹國外進步藝術家作品的集子，如翻印「麥綏萊勒」的連環圖木刻「一個人的受難」，「北平箋譜」，「蘇聯木刻選「引玉集」，「木刻紀程」，「士敏土」，「十竹齋箋譜」，「死魂靈百圖」，「蘇聯版畫選集」，「凱綏·珂勒惠支版畫選集」等。他這些努力給學習情緒很高，愛好藝術的自學青年們，在思想上和理論技術上，起了很大的幫助作用和影響。

是一九四七年四月間的事：

在上海大新公司開的全國第一屆木刻展覽會場，遇見了那時從東京回日本的內山完造老先生。他是魯迅先生的好友，我們請他談一談中國新木刻最初期的情況。內山完造先生隨即介紹在他旁邊不發一言的版刻家內山嘉吉先生給我們認識。他說約莫在一九三〇年的時候，魯迅先生辦了一個木刻講習班，那時擔任講師的就是內山嘉吉先生。因爲內山嘉吉先生不會說中國話，臨時魯迅先生自告奮勇當起翻譯來。夏天天氣悶熱，魯迅先生一邊揮汗一邊工作，十來天中，始終不懈。就在這個講習班裏，魯迅先生點燃了新木刻藝術的「星星之火」，使二十三年後的今天，新中國的新藝術運動蓬勃發展，成爲輝煌燦爛的「燎原」的偉大局面。

從以上的三個例子，我們就可以瞭解魯迅先生提倡和扶育新木刻運動的勞績和愛護青年藝術學徒的博大遠見的精神。

一九三六年十月間，由李樺、野夫兩位先生奔地聯合發起的「第二屆全國木刻展覽會」在上海青年會舉行。展出期間，受到廣大觀衆歡迎的情形是空前的。魯迅先生扶病在展出最末一天到場參觀，登時引起了一陣動人的騷動，數不盡的藝術學徒們團團將魯迅先生圍住。魯迅先生眼見親手扶植起來的新興木刻藝術已經初步地開花結果了，十分興奮，足足在會場停留了四個多鐘頭，和木刻青年們以及觀衆們討論木刻的創作問題。

也就在這個展覽會後一禮拜左右的十月十九日，魯迅先生便逝世了。十月十九日，在木刻工作者以及所有的文藝工作者說來，都是一個重大的日子。

我們將加緊學習，不斷推動新木刻運動，獻出全生命的力量來保衛和平，同時紀念我們偉大的導師，新木刻藝術的哺育者——魯迅先生。

一九五二年十月十九日夜

一九五一年在香港《大公报》发表《中国新木刻之父——鲁迅先生》

一九五一年黄永玉作鲁迅木刻肖像

先生。因为内山嘉吉先生不会说中国话，临时鲁迅先生自告奋勇当起翻译来。夏天天气闷热，鲁迅先生一边挥汗一边工作，十来天中，始终不懈。就在这个讲习班里，鲁迅先生点燃了新木刻艺术的“星星之火”，使二十三年后的今天，新中国的新艺术运动蓬勃发展，成为辉煌灿烂的“燎原”的伟大局面。

谈鲁迅先生的艺术世界我是不够格的，也轮不到我来谈。想想看，鲁迅先生逝世那年我正小学毕业，住在湘西山乡之中，先生的逝世，连伤痛的觉悟和机会都没有，只从画报杂志看到一位伟人不在

一九五九年创作《鲁迅与青年木刻家谈珂勒惠支》

人间了，是一件大事情。

我有幸在鲁迅先生提倡而发扬光大的进步木刻艺术运动中成长、度过了漫长的一生。从青年时代起，习艺和文化上的领悟，对我教益最多的都是鲁迅先生当年的学生和战友。

木刻界的前辈有野夫、李桦、陈烟桥、黄新波……文学界的有楼适夷、唐弢、冯雪峰、聂绀弩、巴金……我深切体会到“哺育”二字的意义。

我开始接触鲁迅思想是在厦门集美学校图书馆，而有系统认识深入理解则是在仙游的陈啸高先生家的藏书室。陈先生是瞿秋白的学生，他藏书中有整套的红布封面的鲁迅全集。我有一年多时空方便，几几乎成为少年朋友中的“鲁迅专家”。说话，写东西，辨别是非，交友选择，忍饥耐劳，都拿鲁迅做靠山。

这精神好像与我们湘西人“不信邪”有些近似之处。

邵洵美

邵洵美

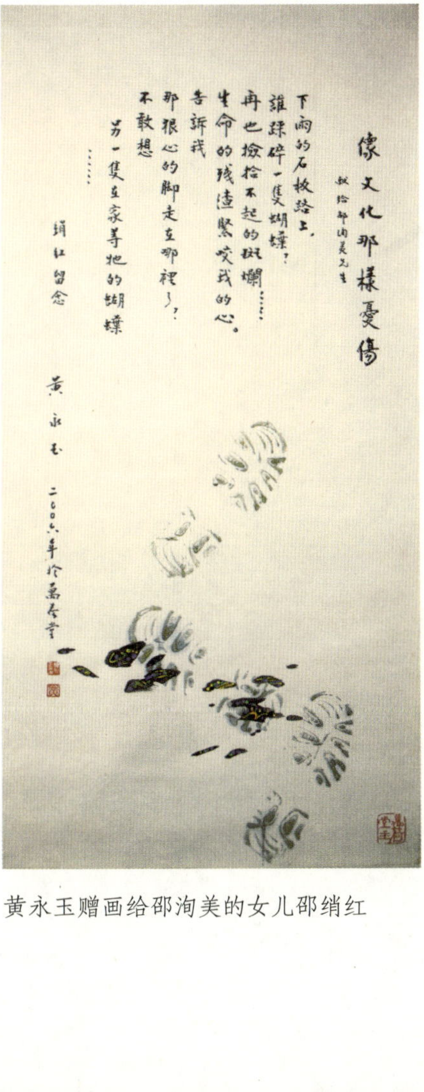

黄永玉赠画给邵洵美的女儿邵绡红

像文化那样忧伤——献给邵洵美先生

下雨的石板路上，
谁踩碎一只蝴蝶？
再也捡拾不起的斑斓。
生命的残渣紧咬我的心头。
告诉我，
那狠心的脚现走在哪里？
……
不敢想
另一只在家等她的蝴蝶……

吕荧

吕荧

吕荧

漫长的黑夜，
几十年枕上
　　睁大眼睛想念你，
脸上刻下数不清想念的年轮。
伤痛像树，
干越长越大，根越长越深……
活活的折磨，
　　让你慢慢地死；
知识越多，
让你死得越有嚼头，
让你死得孤独，死得遥远……
你研究美学，

却死在丑里。

孩子，你们知不知道，

谁是吕荧？

读历史去吧！

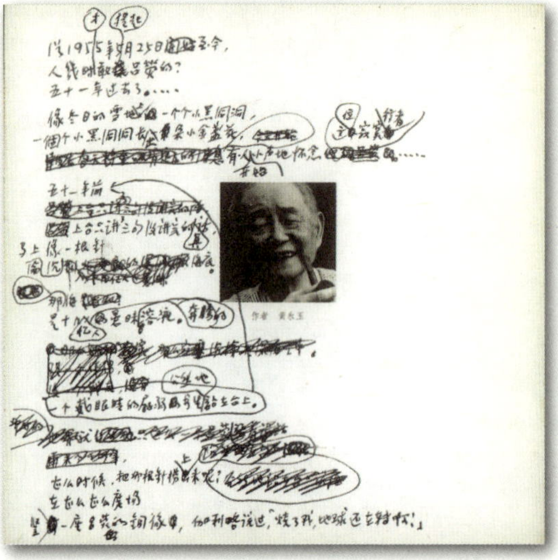

在自印本《一束故乡的诗》封底草就《吕荧》初稿

【第三部分】

文与图——样式独创

在与文学家保持密切交往、与文学作品对应感悟的过程中，黄永玉的文学兴趣和创作欲望为之丰富与激发。我们看到，他的文学创作，一开始就表现出文学与美术的互补与融合的特点。一九四七年，他发表的《风车和我的瞌睡》，有如一首牧歌，风车与水、与田野、与庄稼、与童年乐趣交融，酿就一片甜美与温馨。创作这首诗却非偶然。此时，黄永玉不仅为沈从文的《边城》等小说创作插图，还创作了一组民间情歌的木刻作品，另外还创作了单幅《风车》木刻。这一系列木刻作品，与他的诗有着相同的基调。一九五〇年之后，在香港《大公报》上，黄永玉先后发表《民工和高殿生关系》连载、《猴国之命运》连载，前者为现实报道，后者为政治寓言，但均采取图文并举的形式。发表一些人物特写时，他也喜欢配以人物肖像速写或者木刻作品。

这种图文互补的创作特点，在当时文坛上应为特例。这充分体现出黄永玉文学创作的特殊性，即文学与美术如同一对孪生姐妹，从一开始就相辅相成，结伴而行。

“永玉六记”

“永玉六记”所独创的这种图与文相结合的文学样式，恐怕是“黄永玉标记”特色最鲜明的作品。此类作品，始于一九六四年在“四清运动”期间开始私下创作的“动物短句”，一九九七年扩展为“永玉六记”，分别为：《罐斋杂记》、《芥末居杂记》、《力求严肃认真思考的札记》、《斗室的散步》、《往日，故乡的情话》、《汗珠里的沙漠》。

一九六四年春天，黄永玉与中央美院的其他教员一起组成工作队，前往河北邢台地区农村，开展“社会主义教育运动”，简称“社教运动”。社教运动是在“以阶级斗争为纲”的历史背景下，发动的又一场波及城乡的社会运动，在农村起始以“清工分、清账目、清仓库和清财物”为内容，随后在城乡全面铺开时，确定为“清思想、清政治、清组织、清经济”，故这一运动，人们又习惯称作“四清运动”。一时间，“四清”、“四不清”，不绝于耳，成了农村最为流行的术语，术语背后，则是此起彼伏的检举、揭发、批

八十年代黄永玉与猴

斗，乃至高压下的恐惧。实际上，“四清运动”是“文革”的前奏，甚至是某种程度上的预演。当然，在一九六四年的春天，参加“四清运动”的人们，谁也不会预料到未来的发展。

正是在邢台农村期间，黄永玉开始“动物短句”的创作。

这些“动物短句”，“文革”结束后结集出版为《罐斋杂记》，即“永玉六记”的第一本。

选择动物为描写对象，与黄永玉的性情有关。他一直对动物充满兴趣，自小喜欢观察动物，成家了，养狗、养猫，后来甚至养猴子。动物是他的家庭生活的一部分，是他研究的对象，也是绘画必不可少的内容。然而，当在纷扰的政治环境中开始写“动物短句”

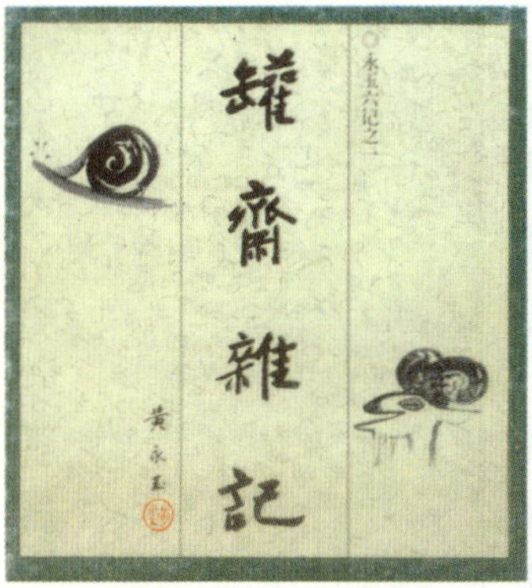

“动物短句”后来结集为《罐斋杂记》出版，为“永玉六记”中的第一种

“永玉六记”之三《芥末居杂记》书影

系列，黄永玉则将所写动物，转化为更多内涵的、拟人化的对象。也就是说，他对每个动物特点的归纳、概括，不再仅仅是动物属性本身，而是使之成为社会的、人性的、精神的一部分。

“动物短句”，实属黄永玉独创的一种体裁。每个动物只写一句，再配一幅动物画，图文相映成趣，互为补充。这些短句，似格言却非格言；是散文句式，却又更接近于散文诗；或隐含感伤，或带有杂文的隐晦、讽刺。坦率地说，很难将“动物短句”（包括“永玉六记”、《水浒》人物、生肖画等作品）归为哪一类文学样式，姑且称之为“文与画”，它们是作者在那个特殊年代特殊环境中，集文学与美术于一体的一种个性表达，其才思、性情、诗意，尽在其中。

有的短句，如同诗：

萤火虫：一个提灯的遗老，在野地搜寻失落的记忆。

海星：海滩上，谁扔弃的一个勋章在呻吟。

燕子：一枚远古的钥匙，开启家家户户情感的大门。

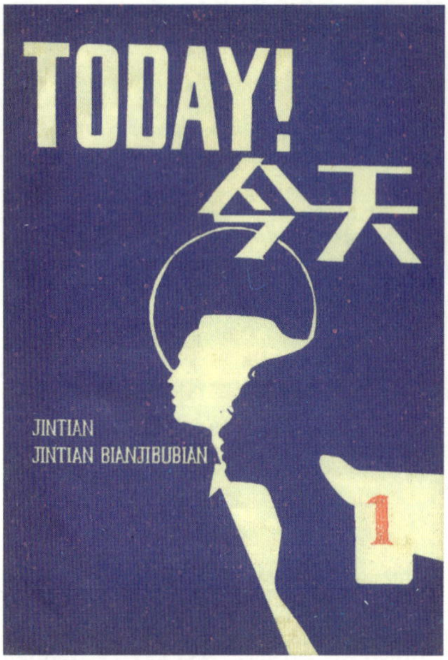

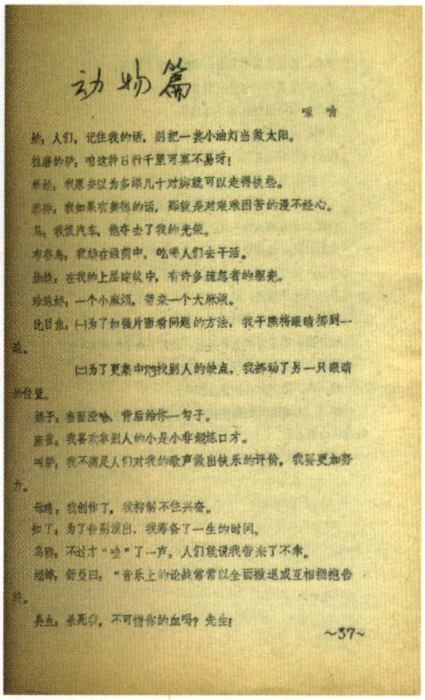
动物篇

蛾：人们，记住我的话，别把一盏小油灯当做太阳。
拉磨的驴：咱这种日行千里可真不易呀！
蜈蚣：我原来以为多添几十对脚就可以走得快些。
骆驼：我如果有烦恼的话，那就是对艰难困苦的漫不经心。
马：我恨汽车，他夺去了我的光荣。
啄木鸟：我躲在树洞中，吆喝人们去干活。
蜘蛛：在我的上层建筑中，有许多疏忽者的躯壳。
珍珠蚌：一个小麻烦，带来一个大麻烦。
比目鱼：(一)为了加强片面看问题的方法，我干脆将眼睛挪到一边。
(二)为了更集中地找别人的缺点，我挪动了另一只眼睛的位置。
蝎子：当面没吭，背后给你一句子。
麻雀：我喜欢拿别人的小是小非锻炼口才。
画眉：我不满足人们对我的歌声发出快乐的评价，我要更加努力。
母鸡：我创作了，我抑制不住兴奋。
知了：为了参加演出，我筹备了一生的时间。
乌鸦：不过才"哇"了一声，人们就说我带来了不幸。
蟋蟀：答复曰："音乐上的论战常常以全面撤退或互相拥抱告终。
臭虫：杀死我，不可惜你的血吗？先生！
~37~

《今天》书影及版式

将之置于历史背景下，我更看重"动物短句"的时代特色，看重作者精神与现实生活之间的呼应关系。譬如，下面这些短句：

蛇：据说道路是曲折的，所以我有一副柔软的身体。

猫：用舌头洗刷自己，自我开始。

蜘蛛：在我的上层建筑上，有许多疏忽者的躯壳。

螃蟹：可也怪！人怎么是直着走的？

沙鳖：看啦！人类的文明在可悲地倒退啊！

猴子：不管我有时多么严肃，人还是叫我猴子。

雁：欢歌历程的庄严，我们在天上写出"人"这个字。

刺猬：个人主义？那干吗你们不来团结我？

蜗牛：小资产阶级思想？笑话！你懂不懂扛一间房子的趣味？

蚕：我被自己的问题纠缠，我为它而死。

细菌：肉眼感觉不到的可怕，才是真的可怕。

狼：我总是每天遇到东郭先生，却很少碰到赵简子。

乌鸦：不过才“哇”了一声，人就说我带来了不幸。

癞蛤蟆：致命的错误是我丑陋。

马蜂：我不惹谁，谁也别惹我。

蠹虫：谁说我没理论，我啃过不少书本。

比目鱼：为了片面地看别人的问题，我干脆把眼睛长在一边。

这些短句，如果放在当年语境中予以解读，即可发现它们多么不合时宜。自一九五三年回到内地之后，从一九五五年批判“胡风反革命集团”、肃反运

咱這種日行千里可也不易
黄永玉癸巳年寫拉磨驢於萬荷堂

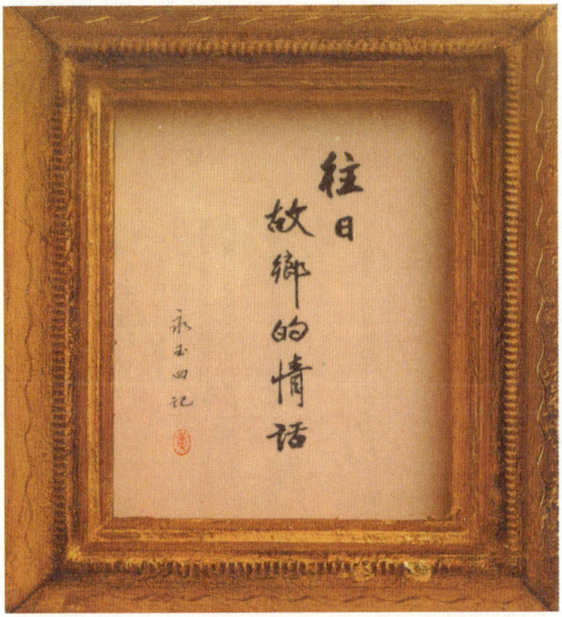

“永玉六记”之四《往日，故乡的情话》香港版

动，到一九五七年“反右运动”，一九五九年教育界“拔白旗”，再到当前的“四清运动”……黄永玉与同时代人一起，亲历一场又一场的政治风雨，亲眼看到许多熟悉的前辈与朋友，如冯雪峰、萧乾、聂绀弩、郑可、黄苗子、丁聪、汪曾祺、黄裳等先后落难，陷入困境。曾经想象的理想生活，并没有如期而至，他虽没有在政治运动中跌入低谷，但现实生活中诸多政治压力、思想批判、精神自虐等状态，依然无法躲避，或多或少地影响着其生存状态。在这种历史背景下，现实中的黄永玉不是激烈的、勇敢的精神反叛者，也不是耽于思考、有着清醒批判意识的思想家，他只是芸芸众生中的一位普通画家，他曾以画的创作配合时代、宣传时代，与此同时，他也尽可能找到发展其艺术个性的空间或缝隙。整体而言，从“沉寂”过渡到“潜在写作”的十几年间，黄永玉基本上是中规中矩却

文化生活

汗珠裏的沙漠（永玉五記）

黃永玉

序《永玉五記》

一些文化藝術的札記。

不知別人是否和我一樣感情的狹隘？

得意之筆只想到親近的朋友，估計他們的喜歡。

沒他們，這個世界有甚麼好「舞」的？

1 藝術難處在於發現新的端倪。但，端倪不等於整體。

2 線頭不是布。

3 有人撿來一兩根勃羅克或畢卡索的陰毛掛在嘴上當做鬍子。

4 這孩子喜歡畫畫到這種程度，麻煩了！如果送他進美院學習，肯定是個劣等生。

5 創新不是滿街去撿別人失落的東西。

6 美術創作反叛的要點不在於激情，只是需要一點必然性。

7 執着重要，氣質更重要。

8 基本功重要，感覺更重要。

9 感覺銳敏是由於有個好的興趣和好的記性。

10 顏料是用錢買來的；色彩是手「唱」出來的。

11 火花得有個熱火盆生發。

12 直着看書，橫着想一想。

13 別輕蔑少年時期感動過的東西。

14 你用心注意過「俗」中的美嗎？

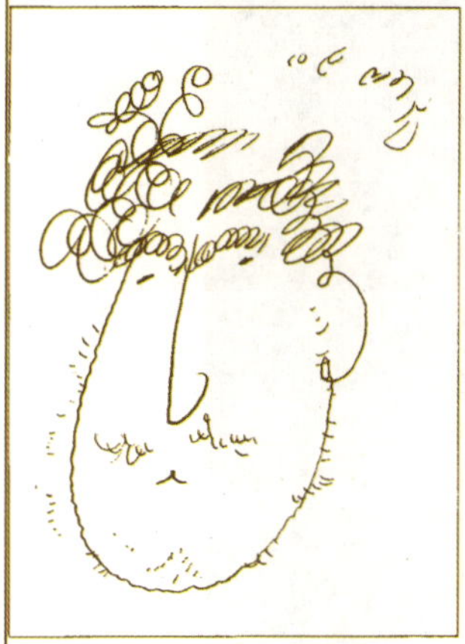

九十年代月刊 1992/12 90

“永玉五记”之《汗珠里的沙漠》初次发表版面

又不失个性地被政治生活裹挟着前行。

黄永玉是一位艺术家，他更愿意随性情而行，视感觉而动。现实中许多人与事、是与非，触动他，刺激他，一旦找到合适方式，便会有令人意想不到的表达。此时，“动物短句”成为他找到的最好方式，借动物写社会，写人性，写心中触动。在这些短句中，我们不难发现，讽刺也好，赞誉也好，均可在现实政治语境中找到对应，如个人主义、自我检讨、教条主义、片面性、人性论批判……即便作者在构思这些短句时未必有着清晰的、明确的指向，但是，作家的创作心理总是具有复杂性，文学含蕴的多样性，也为我们提供了各种解读的可能。当时间流逝，政治语境改变之后，我们发现，这些“动物短句”在具备“潜在写作”的历史价值的同时，仍然有着鲜活的文学感染力，带给人们智慧、幽默的快乐。

永玉自述

这八十多个“动物短句”曾经是我沉重的十字架。扛过它，然后被牢牢地钉在上面。最后居然又被放了下来。

我被放下来，有些人是不会再微笑的。

但是，我是多么希望这些人早一点能用正常人的心地真正地微笑或大笑起来，过人而不是过像我所写的禽兽虫豸的生活。不再兴风作浪，靠偷血为生。

这八十多个“动物短句”已经散失了，又经认识和不认识的朋友汇集给我（当年他们抄自批判我的大字报）。好玩的是，他们夹进一些别人类似的作品，虽然一看就知道比我写得好，但终究不是我的东西，即使舍不得，也只好割爱了。

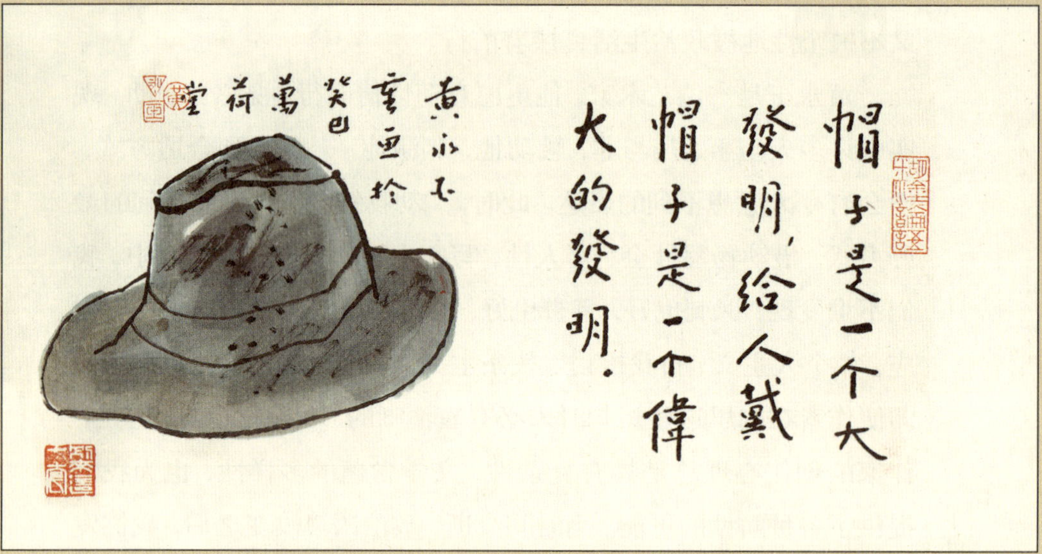

邢台地震以前，我一直就呆在那里的生产队搞“四清”。无聊烦闷之余写些“动物短句”消遣时光，日积月累成了八十多条。有同志看了觉得有意思，甚至笑不可抑。我自己也觉得好玩，打算回北京找出版社印个小册子，还加上有趣的插图。

（《“动物短句”相关的事》）

点评

谢谢你送给我的四本可爱的书。其中的三本(“永玉三记”——抄者)，我已翻看了一些；那比较小的一本，你可以想象到，可还不敢这样夸口，才只看过一两篇。我真羡慕你的画笔和文笔，画笔我当然没门，只要能把文章写得像你那样潇洒自如、庄谐纷呈而又一往情深，我也就乐得上西天了。我将把它们都读完，也许还能习惯性地校对出一两处笔误和刊误，并且希望它们能在北京出版。

——胡乔木

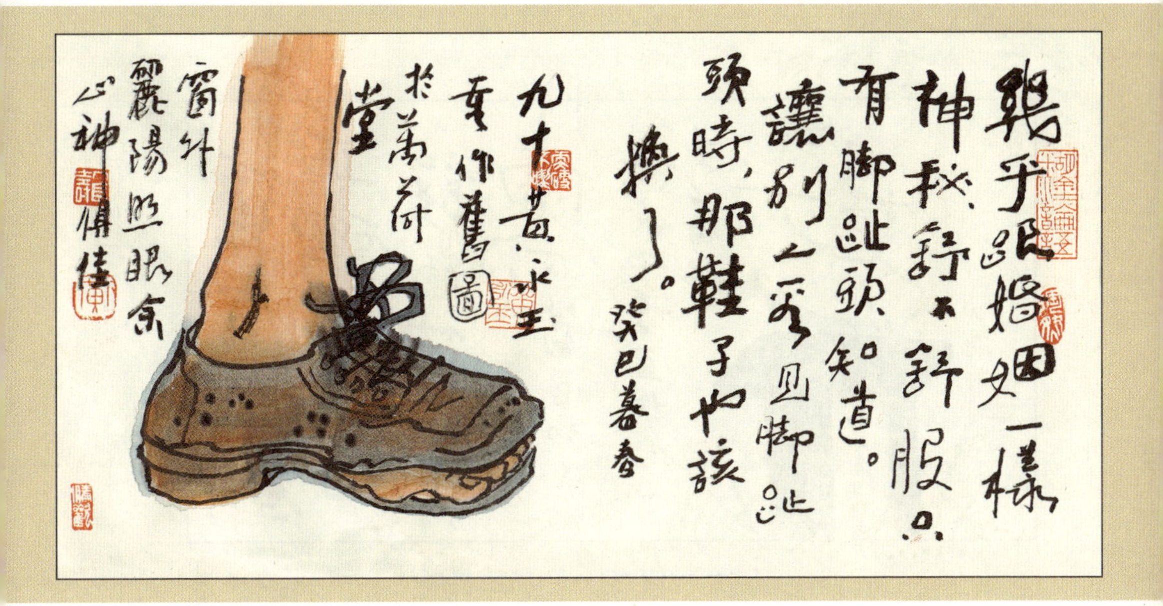

点评

在《罐斋杂记》里，那些动物，在他笔下却另有生命，不是原来的生命，造型是那么夸张而简化到恰到好处。这一批东西，带点寓言味道。别忘记他的太太梅溪正是个儿童文学作家，他夫妻俩在文艺方面是互为影响的。《力求严肃认真思考的札记》这不独他自己严肃认真思考，他也要求读者也严肃认真起来，读者用这态度去读他的东西，于是发现用嬉笔手法所表达的都是严肃问题，如不认真思考便是个大损失。

芥末剧有古装人物，更多是日常生活所见所闻的。使人有代入感，读者先是会心一笑，再想想点只可发一笑咁简单。

艺术家的脑袋是用特殊材料所造成的，而黄永玉的材料，更是特殊中的特殊，要不然如何能写出这等东西。

——郑家镇

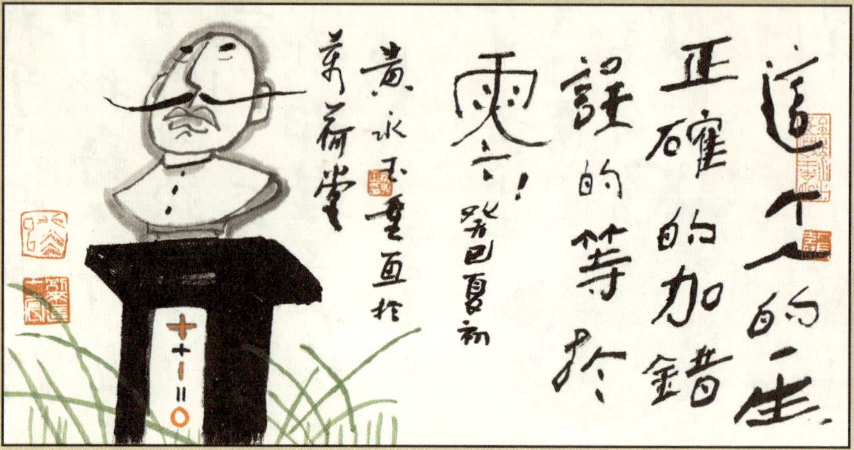

点评

黄永玉擅画能文，十年动乱受尽迫害，尝遍苦头。但有才华的艺术家，多数不会被长期埋没。他创造的艺术品最终会像玉石经一系列出水打磨的工夫，透现晶莹之质，闪射永久的光芒。黄永玉便是这样一位作家，他的许多画作和相配的文字，都是经过对人世间万物的一番深沉思索，一针见血，深刻剖析了人性的丑态和弱点，因而带着普遍性和典型意义；物换星移，可与时空永存而不褪色。

最有力的说明，是香港三联书店近期为他出的四本书——三本“文配画”和一本散文集。这四本书，足以令我们叹服，用“才气横溢”、“文思敏捷”、“聪明过人”等词儿评价和形容，贴切之余似乎觉得又意犹未尽，仿佛仍缺什么，那大概就是他那独特的、完全与众不同的形象思维和逻辑思维的巧妙的、高度和谐的融合，或曰配合。画家、作家之外，他也堪称一位“哲理家”。他深知深邃哲理的渗透力，深谙谐趣幽默的诱惑力，更深具将丰富深刻的思想内涵以精致短句出之的惊人表现力，严肃认真，经年思索和积累，终于成果丰硕，每一颗果实都可观，都可让我们咀嚼很久很久。

——杜桂婉

点评

这是多么好的三部画册！《罐斋杂记》的《代序》说：书中的八十三则“动物短句”，是他一九六四年在河北邢台参加“四清”的时候，“无聊烦闷”之余写来“消遣时光”的。当时有人看了，甚至笑不可抑。可是十年浩劫一开头，这位“笑不可抑”者就赶快把事情抖搂出来，“毛主席的红卫兵”和“造反派”勒令黄永玉交出本子，随即掀起了对他的狠批狠斗。还是“文革”收摊儿后，这些原已失散了的短句，才由一些认识的和不认识的朋友重又汇集起来，交回给他；据告还是这些朋友从当年的“批黄”大字报上抄下来的。想到

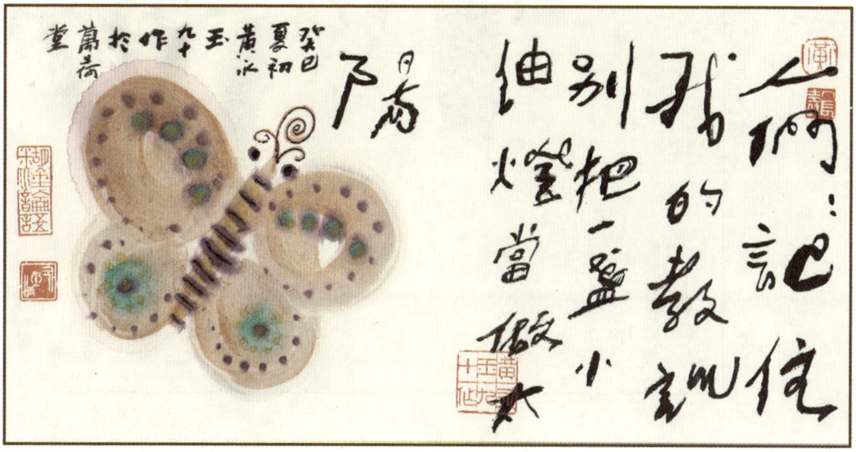

鳥是好鳥，就是話多！
壬午春日
黃永玉作

交出版社出版，是因为黄永玉发现：虽然已经几十年过去，这些“动物短句”的生命力似乎并没有稍减。如我据以生发开来写过文章的第二十五幅《雁》：画面是五只高飞的大雁，组成一个“人”字；题句是“欢歌历程的庄严，我们在天上写出‘人’这个字”。再如第三十二幅《公猪》，那“老淫虫”自傲的是“我天天结婚，无须离婚”。第三十四幅《猫》，那老猫自傲的是：“用舌头洗刷自己，自我开始。”读着这八十三幅画和八十三则题句，人们会想起一些什么，还用说？

——苏晨

点评

《力求严肃认真思考的札记》，据黄永玉的《自序》说，这是一些“乘兴而行”的作品，似乎没有什么特别的讲究。可是请看第一幅《速度》，画面是一个脸孔半边黑半边白的人面，题句是速度乃“物质运动的形式。比如，坏人一下子变成好人，快得连闪电也颇感惭愧即是”。反之不也是这样？想想“文革”时候的“出将入相”，真教人怵目惊心。如第二幅《桌子》，桌边的题句是：桌子是“把人们聚在一起消耗青春的工具。拉丁文叫做‘磨人的砂轮’”。第三幅《椅子》，椅边的题句是：椅子是“桌子的亲密战友。它起着把人的坐骨突起部分搞平的作用，这将给千年以后的人类史学家鉴定和分期工作带来极大的方便。就人类史说来，绝对没有任何时期的人的屁股，能与我们当代人屁股的平面美学价值相媲美”。读着它们，谁也会不禁想到当年那些没完没了的某些“运动”，没完没了的会，强加于人的“天天读”和“早请示”、“晚汇报”之类，它们残酷地消耗了多少人的生命年轮！

——苏晨

点评

永玉先生的文学创作，也如他的艺术创作一样，是有感而发，语言受感情的驱使，往往不拘一格，别出心裁。我不是文学理论家，不敢无知妄说，不过我感到现成的文学分类术语，似乎就很难对“永玉六记”那数百条短句给以恰当的分类概括。如：“燕子：一枚远古的钥匙，开启家家户户情感的大门。”——像是诗：“窗纸亮，落雪了。”——是画不出的画：“刘老二讨个‘堂板婆娘’回来，一条街都不理他。”——像是最短的小说：“美术创作反叛的要点不在于激情，只是需要一点必然性。”——是艺术哲学：“幻想的自由只是幻想，自由

的幻想才是自由”——又是人生的体验：“谁敢冒犯朴素？”——而这种短句，更凝聚了太多的内容，如蒸馏海水的结晶，不仅是氯化钠，还有许多别的元素。“永玉六记”，除《芥末居杂记》的一百零七则可称为“寓言”外，其余五记中，只好以“格言”、“警句”，或干脆“短句”称之，其实还包括了如结晶体的小说、散文诗、独幕剧、讽刺小品，甚至政论。这种文学性的短句中我以为是永玉先生的一个创造。古今中外的格言，往往重于说理劝诫，而少见运用形象和幽默的力量感人。如中国明、清时代流行的文人清言，或称警语，除表达明哲保身的处世哲学外，多是“市隐”中狭隘生活圈子中的闲情逸趣，给人一种消极无奈之感。而永玉先生的短句，则可以使人动心、动情、动容，使人沉思，使人振奋，使人回味，深之所爱，切之所憎，又岂止是无关痛痒的“清凉剂”而已。我感到，仅仅是一部“永玉六记”，足以使他在现代文学史上，占有一席应有的地位。

——万青力

《水浒》人物

永玉自述

《水浒》人物原应在六十年代初以木刻形式完成，因为绣像方式，风格当较细密精致。

那时我刚四十出头，心手两旺，“双百”方针令人踌躇满志，若那时说话算数，工作得以无碍顺利完成，或可对《水浒》说部增添少许颜色，可惜人人有覆巢之危，运动接踵而至，害丧偕亡之期指日可到，哪有心思顾到身外艺技理想？两千多读书卡片，二百块木板材料，事后都随“文化大革命”一起灰飞烟灭殆尽。

二十八年后之今日用水墨写意重新完成这套插图，不免深深感慨。关心我这工作的长辈和朋友大多迟暮凋零，我原企望在大家都还年轻的时候，在完成这部插图后有一个快乐的聚会，都来不及了。真是寸草对于三春的怀念的心情啊！

水浒自述

我作《水浒》不遵循旧例。《水浒》中男女多捣蛋纵酒任性乡民，平日自由天真，自无必要将其往廊庙上拉扯，尽为余当年浪迹江湖时之朋友熟人，街头巷尾，野水荒村，信手拈来，写日常见闻经验，边写边笑，席地坐卧，旁设茶酒，或互通新闻，或指天骂娘，混沌乐陶，不觉困惑矣。

世上一天有
何九叔
世上
一天
就有真
歷史
何九叔

永玉自述

《水浒》是一部描写动乱的文学，稍一深入，即觉其中包罗人情至理，众生情状，尽涵无遗，非仅一部消闲解说部而已也。

我以水墨作此，取其轻松幽默方便，困难处多在不得要领理会所在，且易雷同，解此，则通顺无碍矣。

画跋

题跋在中国画中历来是不可分割的部分。不过，我还未见到过别的人像黄永玉那样如此偏爱题跋。收集多了，读得多了，我才越来越明白，他写题跋，就如同小说家写手记，诗人写短章，是心情、心境、思绪的流露。写题跋时，他大多未想到公开发表，用如今流行的术语说，它们属于个人的私人话语空间。但是，正因为如此，它们也就更为真切地呈现出一个文人的个性。可惜的是，大多题跋一旦散落，所体现的思想、艺术的价值，所折射出的性格情趣，便容易忽略，这不能不是一个遗憾。

我第一次对他的题跋感兴趣，是一九八九年在湖南看到他的一幅大画《湘荷》。他画了一大片荷花，在题跋里，他对自古以来形成的对荷花"出淤泥而不染"的赞美产生质疑。他说，荷花是在淤泥里面长大的，它应该感谢这个淤泥，而不应该忘记，甚至成为对立的相反的关系，这样，他把荷花的话题上升到人和土地的情感和故乡的情感上。故乡的感情一直是他的画的题跋中很重要的内容，比如他有很多画的题跋，就是在回忆他小时候在凤凰的一些故事。

从那时起，我开始搜集黄永玉的题跋，并在略有收集之后，便打印出一部分，分送给友人欣赏，也借此为广为收集鸣锣开道。当时我在初整理的《永玉题跋辑录》前面写了这样一段话：“读画如读人，而题跋尤显画家性情。永玉先生作画喜书题跋，每至兴致盎然之时，信笔挥就，长短不一，风格各异。或诙谐幽默，或潇洒，或凝重，或深沉，一如其言其行，可圈可点者甚多。坦荡胸襟，横溢才华，尽遣笔端。故辑录如下，以邀同好细细品赏。”

的确，黄永玉把中国传统的文人画的跋发挥到一个新的高度，里面充满了机智和幽默，这也是他的艺术中非常重要的特点。题跋因这个人而别具一格。这个人也因题跋而变得更有咀嚼的滋味。

在题跋中，黄永玉变得更为自由、率直、无所顾忌。俗时可以大声骂娘，一扫胸中块垒；雅时仿佛摇头晃脑的老学究，在那里引经据典。更多的时候，他则充分体现其幽默和机智的才能，将历史、现实的诸多话题来一个重新评说。

譬如，关于作家艺术家创作自由的问题、政治民主问题等，都是他的题跋的内容。《皓月素光》的题跋颇长，如同一篇谈论文艺民主的杂文。其中，他这样写道：“一位领导如果要跟我探讨文化民主问题的话，我就会对他说，用不着讨论了，我拒绝你的邀请。而你不认为我是大逆不道的话，你已经有一点民主的表情了。”

人们熟知《水浒》，众多人物经他评点，便凸现出另一意味。

譬如，写郓哥儿：“天下各种风流事，只有郓哥儿辈得罪不起。王婆不知，后来多少人亦不知此中大学问。”写阎婆惜：“政治和爱情，两个最沉重的话题压在一个小女子身上，难道她做出的答案不勇敢吗？”一部《水浒》中的诸多人物，实际上成了他评点历

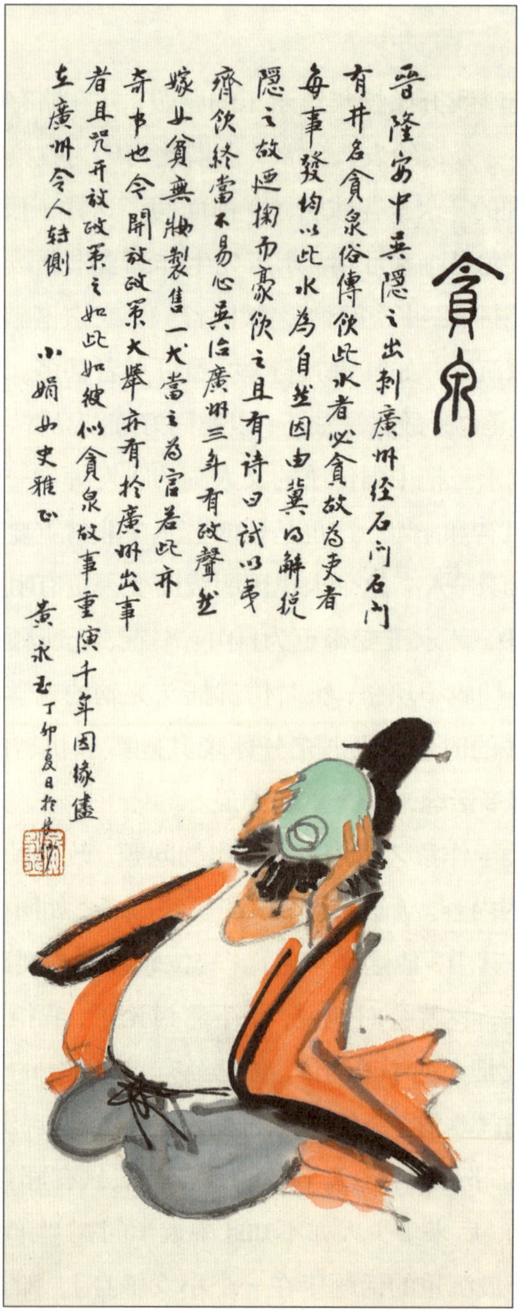

贪泉

史和现实的载体。

为《明月几时有》写的题跋："'明月几时有'，东坡名句，喝醉了酒，哪里还顾得看月亮。"爽快而直白，是与苏东坡不同的另外一种洒脱。

黄永玉画过数幅《野茶客》，其中，下面这一题跋可视为绝妙的小品文：

> 茶是山里人栽的，他们不懂谁懂？清明之前，带来些自己收的好茶叶，约十几个好朋友长辈，选一个好地方，搬出多年家藏之好器皿，好茶具，就地评论起来，得出个好坏高下，最是有品位的相聚。此种新鲜就不仅是水的一品，茶的一品。周围一片嫩绿新篁，丛中听得见画眉云雀歌鸣。这哪里是城里银钱买得来的？城里人把这种趣味强夺了去，却说是自己发明，高楼上搭了茅棚竹舍，学着农村模样取了个山人名字，乔做雅致起来。反过来指指点点，告诉村里人应如何这样那样，反转成为先生。城里人脸皮厚才能做得出的。忘记了原来意思，失去了本性，这种人是不懂事，最是无趣。你们懂什么好水、好叶子？几时见过真茶树，喝过真泉水？只是书上读来顺嘴吹出来而已，算不上真风雅学问。

野茶客

三非礼图

鸱言赚钱

我告诉你，自从用钱买得到一切的那一天起，所谓的道德文化和情感，就不是原来的味道了。所以，你既不要认真，也不要烦恼，好好过你的日子，就是做人的任何方式都不打紧，当然更不是唯一的方法。更不值得到处推广。我只是奉献各位，包括世上的一切好人和坏人，都不要灰心，努力赚钱就是。有了钱，不单道德文化情感，连真理都是您家的。辛未夏日苦热湘西刁民黄永玉作于香港。

有俗有雅，大俗大雅。读黄永玉的文字作品也好，绘画作品也好，都能强烈感觉到这一点。

有的题跋与画面内容可能没有直接关系，但他在绘画的过程中，可能正好在思考这个问题，他就在上面借题发挥。还有反映他的性情的，像《将军》这幅画，题跋差不多两千多字。下棋的画面是一个历久不变的生活场景，但是他的题跋，回忆他所见到的一些人下棋的故事，又讲到在干校期间发生的故事。画到撒尿，突然他的思路又跳到尿壶上，对尿壶又补上两大段题跋。说尿壶是鸦片战争后广州的中国民众做的，上面标明是英国，以此表示对英国国王的一种不敬，一种蔑视。就这样，他就把一些历史掌故和自己的经历、故事，全写在同一个题跋里面。这个题跋挥洒纵横，实在是一篇绝妙文章。

写于一九八八年的题跋：《陶潜探初》，是一幅人物长卷，题跋也颇长，达一千五百余字，几乎就是一篇完整的关于陶渊明以及所谓名士风流的随感。他写得从容，自有个人独特见解。开篇即大发奇论：

读《南史·陶潜传》及陶诗，诗固佳，然更佳者乃得一大收获，知自古诗家文人闹穷都不大靠得住。其中渊明跟杜甫嚷得最凶，究其二人亦有区别。老杜只闹穷而不故作孤高，陶则大卖其孤高空灵，实际上两人皆是丝毫离不开人间烟火之文化名流。为了百花齐放，把诗做好，难免在处理素材主题上渲染夸张，冀以增强艺术魅力。久而久之，成为习惯，写者手滑，读者当真，千百年后人云亦云，付之枣梨成为

意大利无数山楼客厅

无数山楼的客厅，八年没回来了。对面圣塔露西亚山色到下午时分依然灿烂如金。说来说去人生真像过客，想起表叔、郑可、萧乾和父母要是还在世上多好，陪他们在这里住些日子，看看山，在草地上谈天喝茶该有多好！唉！一切都错过了，孩子们眼看他们长大，也都过了五十，此事古难全，奈何！

黄永玉

二〇〇九年五月十九

意大利无数山楼客厅

黑妮每天去上课，管自己的生活。回家的路上，一个人开车上坡要拐几十个弯，还要给园子浇水，喂狗喂猫，做饭洗衣。我说，不住了，回去吧，那儿有朋友在等你，不要这房子了。她笑了一笑，我知道这是不可能的，这里的山，这里一天二十四小时的太阳和星星，月夜，她的狗和猫，她亲手修建的西亚娜红的无数山楼。这是餐厅和厨房，唉！女儿呀！

二〇〇九年五月廿五日于无数山楼

黄永玉八十六岁

历史。相信陶杜二公乃天下第一代穷文化人，学问深，加上穷而自得其乐，自寻门路，自求解脱，省了领导许多心思。不为五斗米折腰之后，不闹造反，却去隐居，天下文人都如陶公，何来大乱暴动？何来水泊梁山者耶？

……

题跋结束，几个比喻，恰如神来之笔，把世态万象勾画得玲珑剔透，入木三分：“堪笑丢官者学陶潜，搞歌女者自命白居易，从饮者学李青莲，讨小老婆者是苏东坡，只是一样学不来，他们的诗。”

这样的表述，恐怕也只有黄永玉才想得出来。如此才情，也是别人学不来的。

【第四部分】

流不尽的无愁河

《大胖子张老闷儿列传》

点评

画家中能写诗的人很多，学画的出身成了名诗人的也能举出几位。然而画家中，可同时挤入诗人行列，以新诗诗集《曾经有过那种时候》，一举夺得全国第一届优秀新诗第一奖的，除了永玉先生，我不知有第二人。

永玉先生是位已被文坛承认，自成风格的散文作家。比如《蜜泪》、《这些忧郁的碎屑》，我前面提到过的《江上》等名作，深沉悠远，催人泪下。而他的散集中的另外一些作品，又宏论博发，读之不禁令人颔首击节，慨叹再三。他的讽刺杂文，如《吴世茫论坛》等，正话反说，鞭笞入骨，使你忍俊不禁，甚至笑得背过气去。因此，他的讽刺杂文，只宜饭后读，而吃饭时绝对不要回味。

永玉先生寓严肃于诙谐的文风，也见之小说创作。如近作长篇，正在《明报月刊》连载的《大胖子张老闷儿列传》，人称“新儒林外

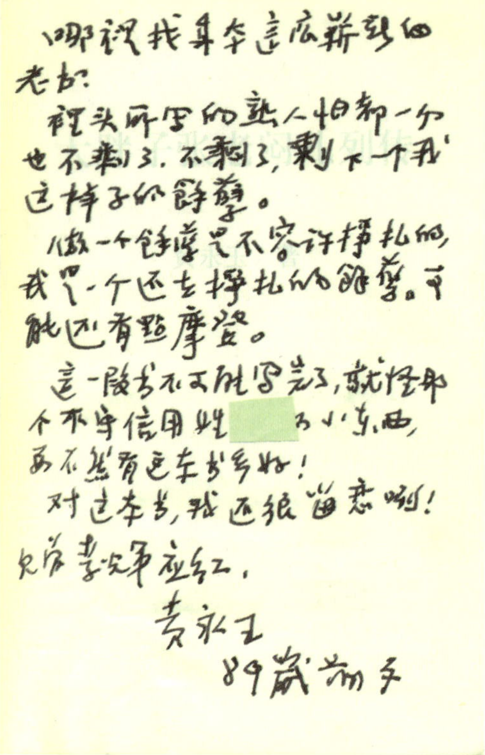

哪里找来这么稀罕的老书！

书里头所写的熟人怕都一个也不剩了，不剩了，剩下一个我这样子的余孽。

做一个余孽是不容许挣扎的，我是一个还去挣扎的余孽。可能还有点摩登。

这一段书不可能写完了，就怪那个不守信用姓 的小东西，要不然会是本书多好！

对这本书，我还很留恋咧！

赠李辉弟应红，

黄永玉

89岁前夕

自印本《大胖子张老闷儿列传》书影及扉页题跋

史”，人物繁多，情节有据，堪称宏制巨构，一部四九（一九四九）年之后惊天动地却令人啼笑皆非的“中国现代文化史”。

——万青力

御賜張老闆兒
黃永玉

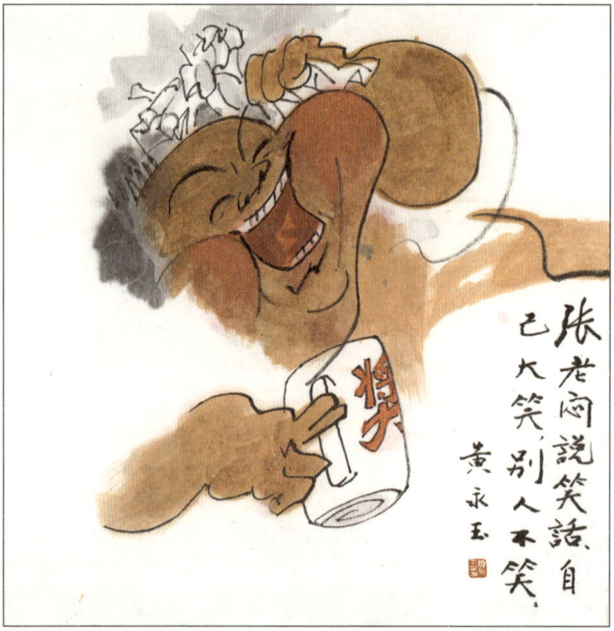
張老向說笑話、自己大笑，別人不笑。
黃永玉

張老向画的霸王甩鼎
黃永玉

專家演講
黄永玉

張老闆兒大補缸
黄永玉

張府宴客
黃永玉

張老闆兒的有朝一日
黃永玉

《无愁河的浪荡汉子》

年近九旬的黄永玉，这几年，许多天的上午，他都会端坐书桌前，在印着“黄永玉用”的竖行稿纸上，用钢笔写自传体长篇小说《无愁河的浪荡汉子》。

《无愁河的浪荡汉子》是黄永玉晚年正在创作的一部自传体长篇小说，小说主人公名叫序子（小名“狗狗”），原型即作者本人，小说中的朱雀城，即凤凰古城。小说当然有虚构成分，但它们显然是基于黄永玉儿时生活体验的再创造。

黄永玉萌发创作这部小说的想法很早。四十年代初，刚刚二十岁时，他在福建漂泊期间第一次开始创作，提笔写过片段，战争年代，生活所迫，写作无法进行，他只好放弃。六十年代中期，在农村参加“四清”运动的社教工作队时，他再次想到这部小说，欲重新提笔，但“文革”突兀而至，又未曾如愿。一九九〇年前后，他终于有机会静下心开始创作《无愁河的浪荡汉子》，完成十几万字后一度停笔，十几年后，二〇〇八年再续写。不同于当今绝大多数作

家常常等作品完稿后一次性集中发表，黄永玉创作《无愁河的浪荡汉子》的过程，颇类似于老舍、茅盾、巴金、沈从文等现代作家当年的状态，作品一边写，一边发表，连载这一作品的是中国最重要的大型文学刊物之一《收获》。如今，小说已经连载至第四年，篇幅达五十多万字，但序子才刚刚写到十岁。

显然，《无愁河的浪荡汉子》是贯穿黄永玉一生的美丽的文学梦想。在绘画艺术领域，他已蜚声中外，他却对此远远不满足，即便到了八十岁，他也如同青年时代一样，依旧拥有文学的激情和雄心。在这部小说已经完成的篇幅里，黄永玉以具有现代汉语之美的个性叙述，描写自己儿时经历，欲借此勾画出广阔社会背景下的历史沧桑。沧桑之中，故乡的风俗人情，个体生命的忧伤，漫溢文学的诗意。我们有理由对《无愁河的浪荡汉子》以后的叙述和格局充满期待，它将会是一部具有民俗史、生活演进史架构的长篇巨制。

点评

自打读到黄永玉《无愁河的浪荡汉子》，这本未完稿、自印书藏在我的书橱，当爱物一样地保存，有五六年的光景了。这座高高朱雀城长在我心里，那是一群山，是一条河，也是一幅人凭着性情、忠诚、才气、命运与之打了上千年交道，彼此接纳、彼此眷顾、顺势迁徙、相互衬托的精神抖擞的长卷，是一首“清爽又凄凉”的圣歌。

是见识过“山川之美，神明之容”的人，为我们留下的杰作。

读黄永玉，并不难；行文都是白话，比白话还贴近人心的口语、方言；所说之事，都在人情之内，且透彻、清明，没有什么弯弯绕，或晦暗难名处。

比较起来，沈先生的“长河”，有点像挽歌，它的庄严与悲哀，是有一点自然主义的；这是一条“奔流到海不复回”、似乎单向的河。而黄永玉先生的“无愁河”，却重在一个“无”字。因有了这个“无”，忧愁的长河宛转、反复起来，有了两个互为张力的方向。无，在这里不是一个形容词，它并非在形容一个没有忧愁的世外桃源，无，是一个动词，寄放着作家黄永玉逆流而上的身影。故乡与时代，把他顺流送到外面的世界来，而现在，他要凭自己的力气逆流而上，不仅是回家，更是肩负为故乡、为自己，把忧愁打扫干净的使命。

一部“无愁河”中，待论及之处尚多。如它对口语与书面语关系的修复（文中方言野话与文言雅话并存，且自由交流，是这部作品的一个非常显眼的艺术特征。而自白话文运动以来，这两者基本上是断绝的），它对现代与传统文化关系的修复，它对自然与人世关系的修复……不是简单的修复，其中有黄先生创造性的贡献，他将“大

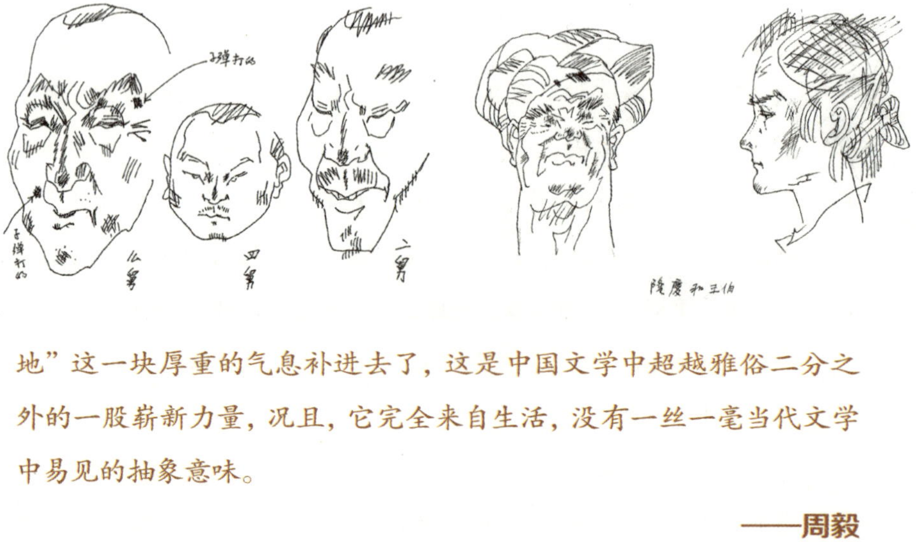

地”这一块厚重的气息补进去了，这是中国文学中超越雅俗二分之外的一股薪新力量，况且，它完全来自生活，没有一丝一毫当代文学中易见的抽象意味。

——周毅

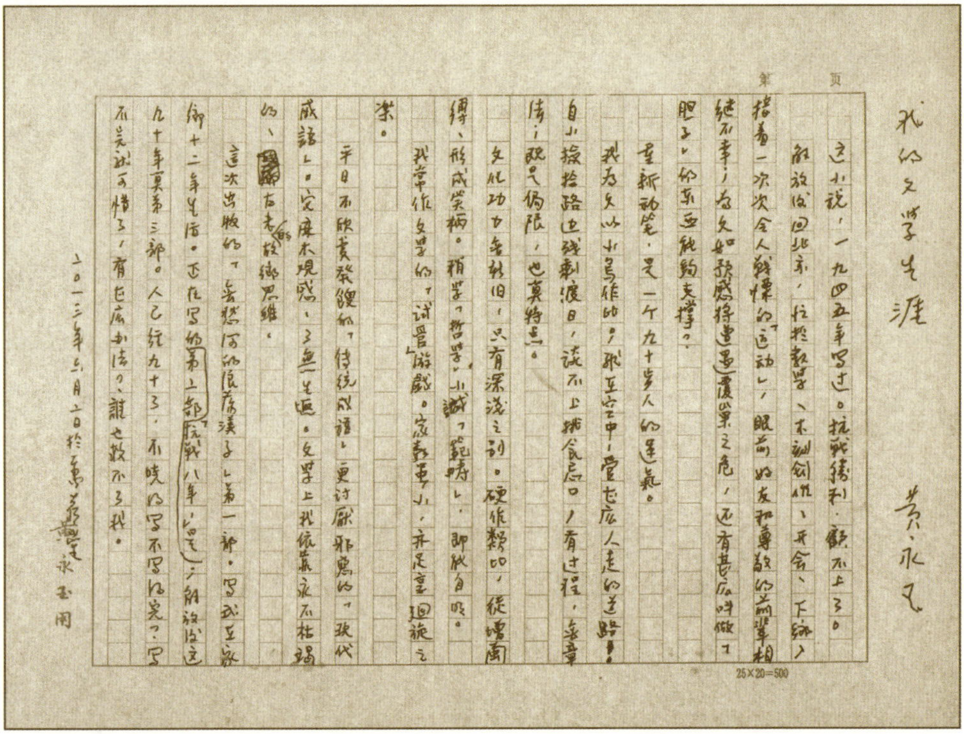
我的文学生涯　黄永玉

这小说，一九四五年写过。抗战胜利，顾不上了。

解放后回北京，拉杂教学、木刻创作、开会、下乡，接着一次次令人战慄的"运动"，眼前的友和尊敬的前辈相继不幸，为文如预感将遭遇灭顶之危，还有甚么叫做"胆子"的东西能够支撑？

重新动笔，是一个九十岁人的运气。

我为文以小鸟作比，飞在空中，管它庅人走的道路！自小捡拾路边残剩渡日，谈不上排食店口，有过程，无章法，既是偏限，也算特点。

文化功力全赖旧，只有深浅之别。硬作热切，从嗜闹缚，形成笑柄。稍学"哲学"，"小识"，"聪明"，即成自明。

我常作文学的"试管游戏"，容量更小，并足空回旋之乐。

平日不欣赏装腔的"传统成语"，更讨厌那恶的"现代成语"。究底本观感，了无生趣。文学上我依靠永不枯竭的、古老的故乡思维。

这次出版的"无愁河的浪荡汉子"第一部，写我五岁到十二年生活。正在写的第二部"抗战八年，在外"，解放后这几十年算第三部。人已经九十了，不晓得写不写得完？写不完就可惜了，有甚么办法？谁也救不了我。

二〇一三年五月二日於万荷堂　黄永玉

《无愁河的浪荡汉子》序《我的文学生涯》

点评

在看过黄永玉连载的小说后，一位写过几个长篇小说的老作家说，这期永玉先生的小说锦衣绣口，笔酣墨畅，为多年来少见之力作，读来令人神旺（原文如此）。小说家高晓声生前说，艺术家的长篇来势非凡，小说人物性格鲜明。特别是凉水井吃饭一段，通过吃饭、对话，把一个个人物写得活灵活现。七月派诗人、随笔作家朱健说，这是一部有价值的小说，可以说有《红楼梦》一般的史诗意义。

有位青年作家说得好，黄永玉写小说放得开，比沈从文思维更活跃，放得更开。文学上的旧套路、公式化对他没有一点影响。

黄永玉的画让人耳目一新，让人吃惊。他的文学作品一样，也

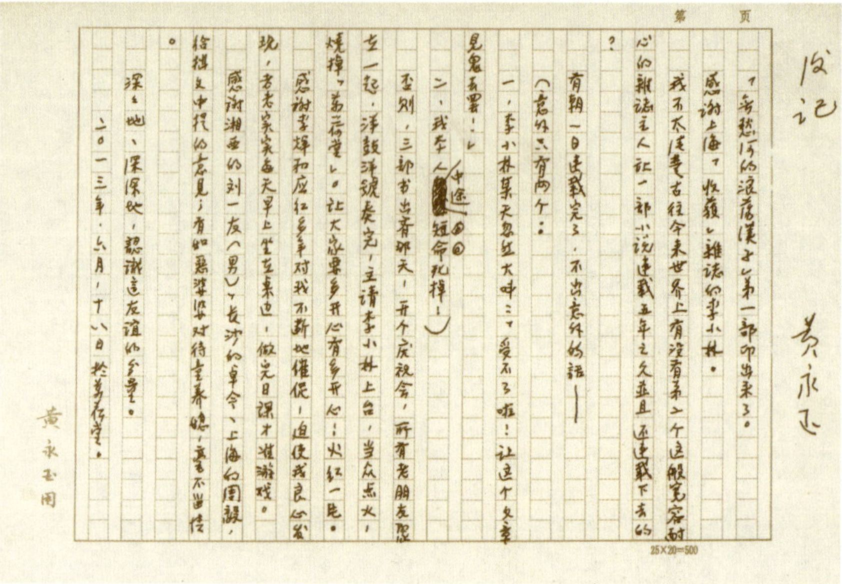

后记

「无愁河的浪荡汉子」第一部印出来了。

感谢「上海」「收获」杂志的李小林。

我不太清楚古往今来世界上有没有第二个这般宽容耐心的杂志主人让一部小说连载五年之久并且还连载下去的？

有朝一日连载完了，不出意外的话——

（意外只有两个：

一、李小林某天忽然大叫：「受不了啦！让这个文章见鬼去罢！」

二、我本人中途短命死掉。）

到时，三部书出齐那天，开个庆祝会，所有老朋友聚在一起，洋鼓洋号奏完，立请李小林上台，当众点火，烧掉「万荷堂」。让大家要多开心有多开心！火红一片。

感谢李辉和应红多年对我不断地催促，迫使我良心发现，老老实实每天早上坐在桌边，做完日课才准游戏。

感谢湘西的刘一友（男）、长沙的卓今、上海的周毅，给拙文中很多的意见；有如恶婆婆对待童养媳，毫不留情。

深深地、深深地，感谢这友谊的分量。

二〇一三年，六月，十八日 于万荷堂。

黄永玉

《无愁河的浪荡汉子》后记

是独辟路径，从不按套路出牌。他写诗，不赞成太学术，他的诗句看似白话，但那都是生活中的艺术提炼，内在含量极为丰富。看他的散文，你不要去寻找所谓主题，他就那么随意开头写下来，有时突然跳得很远，很远，好像是都和前面的没有关系了，到最后，他又魔术般地圆了回来。他的长篇《无愁河的浪荡汉子》，正好做了一个让他展示奇迹和才智的宽大平台。他的经历，他的艺术见解，他的旧体新体诗的技巧，他的散文的空灵、奇丽，他的杂文的锐敏，他美术创作的构图的诡谲和色彩的丰富、绚烂……这些诸般东西只有在长篇里才能淋漓尽致地充分展开、激荡、回旋、冲撞、交织，相互渗透、相互补充，并熔于一炉。

——颜家文

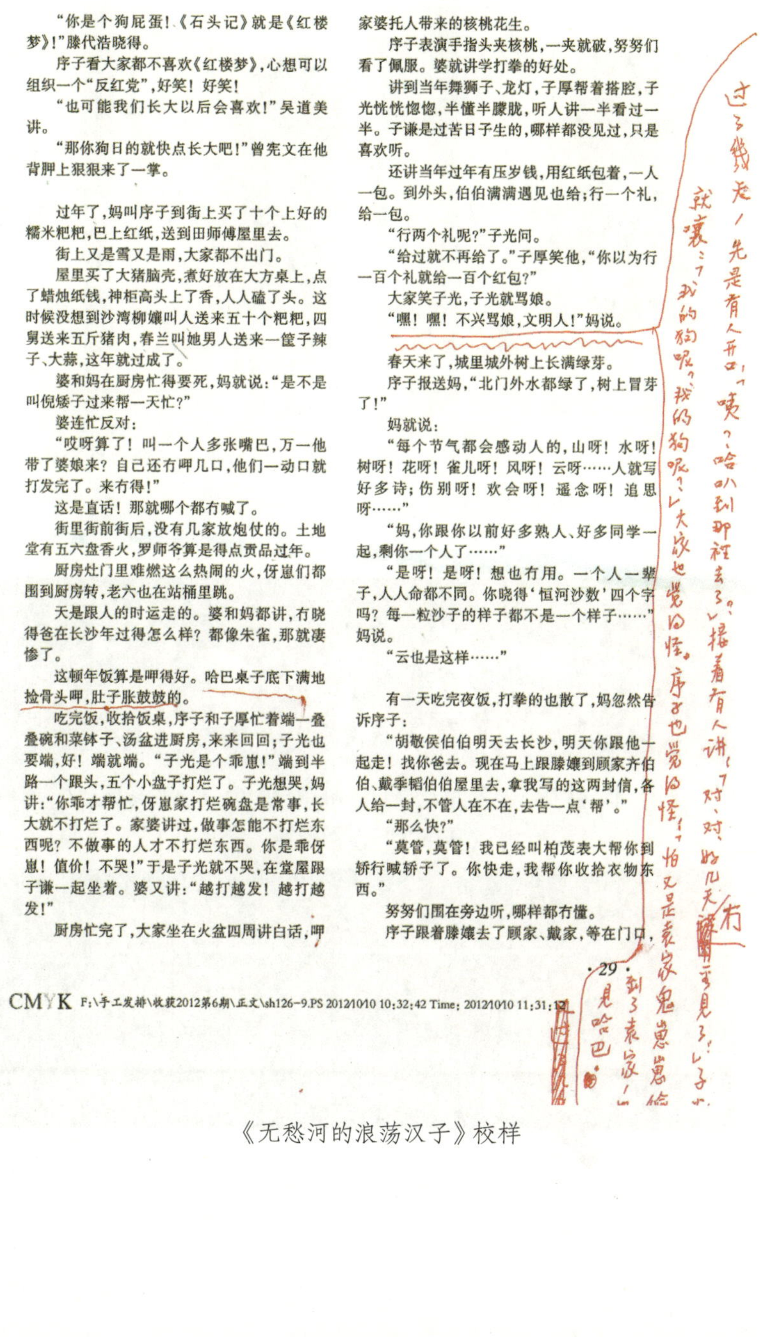

“你是个狗屁蛋！《石头记》就是《红楼梦》！”滕代浩晓得。

序子看大家都不喜欢《红楼梦》，心想可以组织一个“反红党”，好笑！好笑！

“也可能我们长大以后会喜欢！”吴道美讲。

“那你狗日的就快点长大吧！”曾宪文在他背胛上狠狠来了一拳。

过年了，妈叫序子到街上买了十个上好的糯米粑粑，巴上红纸，送到田师傅屋里去。

街上又是雪又是雨，大家都不出门。

屋里买了大猪脑壳，煮好放在大方桌上，点了蜡烛纸钱，神柜高头上了香，人人磕了头。这时候没想到沙湾柳孃叫人送来五十个粑粑，四舅送来五斤猪肉，春兰叫她男人送来一筐子辣子、大蒜，这年就过成了。

婆和妈在厨房忙得要死，妈就说：“是不是叫倪矮子过来帮一天忙？”

婆连忙反对：

“哎呀算了！叫一个人多张嘴巴，万一他带了婆娘来？自己还有呷几口，他们一动口就打发完了。来冇得！”

这是直话！那就哪个都冇喊了。

街里街前街后，没有几家放炮仗的。土地堂有五六盘香火，罗师爷算是得点贡品过年。

厨房灶门里难燃这么热闹的火，伢崽们都围到厨房转，老六也在站桶里跳。

天是跟人的时运走的。婆和妈都讲，冇晓得爸在长沙年过得怎么样？都像朱雀，那就凄惨了。

这顿年饭算是呷得好。哈巴桌子底下满地捡骨头呷，肚子胀鼓鼓的。

吃完饭，收拾饭桌，序子和子厚忙着端一叠叠碗和菜钵子、汤盆进厨房，来来回回；子光也要端，好！端就端。“子光是个乖崽！”端到半路一个跟头，五个小盘子打烂了。子光想哭，妈讲：“你乖才帮忙，伢崽家打烂碗盘是常事，长大就不打烂了。家婆讲过，做事怎能不打烂东西呢？不做事的人才不打烂东西。你是乖伢崽！值价！不哭！”于是子光就不哭，在堂屋跟子谦一起坐着。婆又讲：“越打越发！越打越发！”

厨房忙完了，大家坐在火盆四周讲白话，呷家婆托人带来的核桃花生。

序子表演手指头夹核桃，一夹就破，努努们看了佩服。婆就讲学打拳的好处。

讲到当年舞狮子、龙灯，子厚帮着搭腔，子光恍恍惚惚，半懂半朦胧，听人讲一半看过一半。子谦是过苦日子生的，哪样都没见过，只是喜欢听。

还讲当年过年有压岁钱，用红纸包着，一人一包。到外头，伯伯满满遇见也给；行一个礼，给一包。

“行两个礼呢？”子光问。

“给过就不再给了。”子厚笑他，“你以为行一百个礼就给一百个红包？”

大家笑子光，子光就骂娘。

“嘿！嘿！不兴骂娘，文明人！”妈说。

春天来了，城里城外树上长满绿芽。

序子报送妈，“北门外水都绿了，树上冒芽了！”

妈就说：

“每个节气都会感动人的，山呀！水呀！树呀！花呀！雀儿呀！风呀！云呀……人就写好多诗；伤别呀！欢会呀！遥念呀！追思呀……”

“妈，你跟你以前好多熟人、好多同学一起，剩你一个人了……”

“是呀！是呀！想也冇用。一个人一辈子，人人命都不同。你晓得‘恒河沙数’四个字吗？每一粒沙子的样子都不是一个样子……”妈说。

“云也是这样……”

有一天吃完夜饭，打拳的也散了，妈忽然告诉序子：

“胡敬侯伯伯明天去长沙，明天你跟他一起走！找你爸去。现在马上跟滕孃到顾家齐伯伯、戴季韬伯伯屋里去，拿我写的这两封信，各人给一封，不管人在不在，去告一点‘帮’。”

“那么快？”

“莫管，莫管！我已经叫柏茂表大帮你到轿行喊轿子了。你快走，我帮你收拾衣物东西。”

努努们围在旁边听，哪样都冇懂。

序子跟着滕孃去了顾家、戴家，等在门口，

·29·

CMYK F:\手工发排\收获2012第6期\正文\sh126-9.PS 2012/10/10 10:32:42 Time: 2012/10/10 11:31:12

《无愁河的浪荡汉子》校样

二〇一三年八月，人民文学出版社出版《无愁河的浪荡汉子》

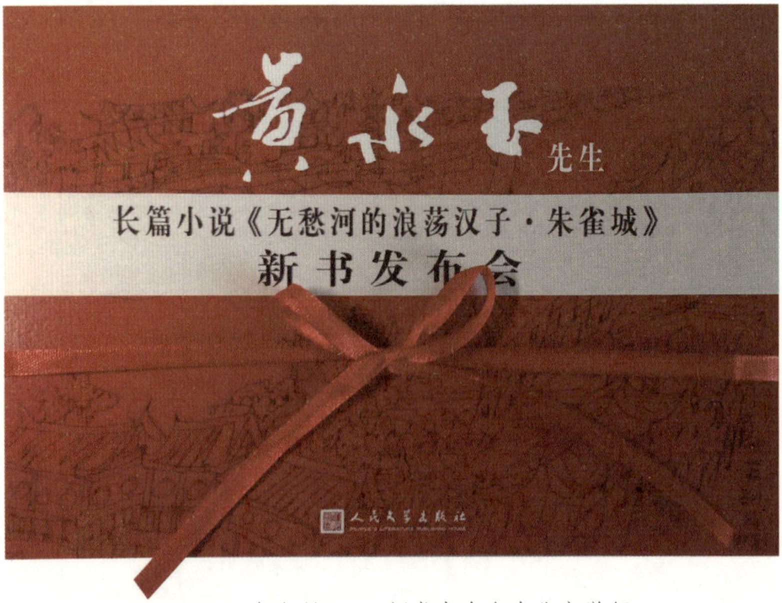

二〇一三年九月三日，新书发布会在北京举行

点评

文本中的情节有时并不连贯，有许多叙述场合，也有许多同等的意识中心，表现了一个由随意性、偶然性和破碎性组合着的世界。发散是充满创新生命力的运动，它和流动一样，活性，动感，难以把握，艺术家运用得当，在艺术品中表现出极美极为壮观的审美特征。呈飞散、放射之状，有笼罩感和覆盖感。发散在这里具有双重意思。第一层：表现在小说的结构、语言、人物构造等艺术特征方面。简单结构上的多重分枝，也就是德里达所说的“延异”（无限分岔），语言的编码系统和解码系统的发散性，语言的蕴含和预设，蕴含往往在句子的断言之内。预设却不在句子的断言之内，是句子的背景信息。语义的概括性，语义的模糊性，有时大量地通过预设来体现。人物构造的发散性在该小说中体现得最为充分，首先在体量上，小说塑造了极为庞大的人物群像，主体人物做了细致入微的外貌和内心刻画，最大群体是主体之后的配角，虽笔墨不多，但人物的相貌、性格特征、内心世界刻画十分传神。出现一两次的人物用笔更简，寥寥几句，跃然纸上。人物群像虽规模庞大，但主次分明。其次，在人物的社会属性上囊括了各阶层的人，社会名流、知识分子、仆妇壮丁、乞丐狂人，作家非常到位地写出了他们的体貌、职业特征，性格分野。要驾驭这么大的一个人物群体，需要高超的艺术。第二层：表现在人物的内在气质上，小说中朱雀城人的传统，他们的血液里流淌着一种躁动和不安分，总要把自己的命运搞得有点悲壮意味，他们一旦长大成人，像蒲公英的种子，脱离母体，脱离原有的水土环境，四处飘零，像年幼的岩鹰一样练翅，腾空飞跃，跌跌撞撞，那是极平常的日常功课。在外人看来颇有悲壮的意味。这是一种精神上的发散。正如前面例子提到过的得豫，十几

你逃学啊

龍潭

岁的伢崽背个包袱出门的壮烈景象。

黄永玉作为艺术家，永远是“独特性寻找者”，他的作品永远不在常规之内，他的小说不仅仅在小说诸要素上下工夫，如语言、情节、环境、人物等等，他还融汇了视觉艺术，跨越了比语言文字更广的范畴，把它上升到了“感知”的层面。人们看到的表面的庞大的美也许仅仅是冰山一角，这已经让人消受不了，而深藏在暗处的韵味，在只读一两遍的情况下，人们是懒得去挖掘的，因为被美伤害了。读这样的小说需要静下心来，慢慢去品，慢慢去嚼。

——卓今

蒋總司令莅臨軍校畢業典禮

午桥桥上饮

【附录】
黄永玉文学事略

李辉 编

1924年　8月9日（农历甲子年七月初九）出生于湖南常德，数月后随父母回家乡凤凰县。原名黄永裕，后改名为黄永玉，曾用笔名：黄笛、椿屋大郎、黄杏槟、牛夫子、咏喻、吴世茫、老獭、姚育水等。

1937年　3月，小学毕业后离开家乡，前往福建厦门，8月入集美学校初中，写《赠弟弟》诗一首寄回凤凰。

1943-1945年　开始在江西赣州的《干报》副刊发表诗歌等文学作品。同期，分别为诗人野曼、彭燕郊、黎焚熏的诗歌，儿童文学作家贺宜的《野旋的童话》等作品作木刻插图，由此开始与文学家的长期合作。同期，创作《失乐园》、《拜伦像》、《马雅可夫斯基像》等外国文学相关的木刻。

1945年　在江西赣州上犹县《凯报》发表小说。

1946年　听从沈从文建议，将原名“黄永裕”改为“黄永玉”，使用至今。为沈从文小说《边城》等作品配木刻插图多幅。经沈从文介绍，在上海与汪曾祺、黄裳结识，从此成为多年好友。

1947年　8月在上海写作诗歌《风车和我的瞌睡》，同年9月发表于诗人曹辛之在上海主编的《诗创造》丛刊之三《骷髅舞》。12月，为之设计插图的范泉《神灯》（台湾高山族传说故事）一书，由上海中原出版社出版。同年，创作《月亮弯弯照九州》等一组民歌插图。

1948年　由台湾抵达香港。11月，在香港完成长篇寓言作品《猴国之命运》并配木刻，在《大公报》连载，开始形成图与文相结合的个人特色。同期类似作品还有《民工和高殿生关系》等。在香港，与臧克家、萧乾、聂绀弩、楼适夷、端木蕻良等文学界人士关系密切。萧乾得子，为之创作木刻《生之序曲》相赠。创作《十姊妹》插图10幅。

1949年　2月，为之设计封面的聂绀弩杂文集《天亮了》，由香港求实出版社出版。在香港《大公报》发表台湾作家印象记《台湾归来记杨逵》，发表艺术评论《未完成的震动》等；为端木蕻良组诗《狗爬径山歌》配图，在香港《大公报》连载；为诗人陈敬容等人作品配插图。12月，为之设计插图的司马文森长篇小说《南洋淘金记》一书，由香港大众图书公司出版。

1950年　由香港回故乡湘西凤凰探亲，回港后撰写长篇特写《火里凤凰》，在香港《大公报》连载。

1951年　12月，在香港写作反映香港电车工人罢工事件的寓言诗《无名街报告书》，200余行，以整版篇幅发表于1952年1月15日香港《文汇报》。同期，发表与罢工事件相关的另一首诗《一定再见》。同年，发表散文《女孩儿的家事》、随感《中国新木刻之父——鲁迅先生》等作品；以笔名"椿屋大郎"发表短篇小说《偷鸡好汉》等。

1952年　在香港完成喜剧电影剧本《儿女经》（署名"黄笛"，主演石慧等），剧本以《金陵春梦》作者唐人一家生活为素材，由长城电影公司拍摄上映，该片成为当年在香港和东南亚最受欢迎的影片之一。同期，完成电影剧本《海上故事》，因导演费穆突然病逝而未能拍摄。9月，为之设计封面的宋乔《侍卫官杂记》（上、下），由香港学文书店出版。同年，创作鲁迅和苏联作家爱伦堡木刻肖像。

1953年　年初从香港来到北京，后任教于中央美术学院，从此定居于京。同年，创作苏联作家高尔基、马雅可夫斯基木刻肖像。

1954年　创作俄罗斯作家契诃夫木刻肖像。

1955年　4月，为之设计封面木刻的日本作家小林多喜二《党生活者》中译本，由作家出版社出版。8月，为之设计封面并插图的张梅溪童话故事集《在森林中》一书，由少年儿童出版社出版。同年，创作法国作家罗曼·罗兰木刻肖像。

1956年　2月，为之设计插图的冯雪峰《寓言》一书，由作家出版社出版。赴云南采风之后，为彝族撒尼人民间长诗《阿诗玛》创作一组套色版画插图。同年11月11日，在《文汇报》发表杂文《回来吧，森林！》。为之设计插图的《叶圣陶童话选》一书由中国少年儿童出版社出版。同年，创作《半斤对八两》等一组古代寓言插图。

1957年　1月，《黄永玉阿诗玛插画》由朝花美术出版社出版。在《人民日报》副刊发表东北小兴安岭采风归来写作的一组散文《森林小学》、《森林的黄昏》等。为之配图的英文版《阿诗玛》，由外文出版社出版。

1958年　5月，为之设计封面并插图的贺宜《野旋的童话》一书，由天津人民出版社出版。同月，为之创作封面木刻的《人民日报》副刊作品选集《迎春曲》，由人民日报出版社出版。

1959年　4月，参与设计插图的郭沫若诗集《百花齐放》，由人民日报出版社出版。9月，为之设计封面的刘白羽散文集《早晨的太阳》，由作家出版社出版。

1960年　5月，为之设计封面的沈从文工艺研究专著《龙凤艺术》，由作家出版社出版。

1962年　1月，为之设计插图的《阿诗玛》（重新整理本）由人民文学出版社出版，书名由沈从文题写。根据傣族叙事诗《葫芦信》创作同名版画。10月，写散文《打猎妙在打不着》。

1963年　4月，为之创作封面雷锋木刻肖像的陈广生《毛主席的好战士——雷锋》，由中国青年出版社出版。7月，为之设计封面和配插图的张梅溪童话集《绿色的回忆》，由少年儿童出版社出版。为之设计封面和配插图的汪曾祺短篇小说集《羊舍的夜晚》，由中国少年儿童出版社出版。同年，创作夏衍和苏联作家高尔基木刻肖像。

1964-1966年　“四清运动”期间参加文化工作队前往河北农村，其间，私下创作图与文结合的“动物短句”，“文革”爆发后被揭发为“黑画”而受到批判。

1970-1971年　在河北农村中央美术学院“五七干校”期间，躲在被窝里偷偷创作长诗《老婆呀！不要哭》、《喂鸡谣》等。

1972年　给年轻学生、画家李宝瑞致信多封，畅谈文学阅读、写作体会。

1974年　在“黑画事件”中，《北京日报》等报刊发表批判文章，其中，将“四清运动”期间创作的“动物短句”，归入寓言作品予以猛烈批判。同年，在故乡凤凰，偷偷创作《一个人在院中散步》等诗歌，其中《平江怀人》一首，怀念1959年庐山会议下台的彭德怀。

1976年　在北京因悼念周恩来而发生的“四五事件”期间，创作《天安门即事》一组诗歌。

1977年　12月，为之设计封面画的《郭小川诗选》，由人民文学出版社出版。

1978年　开始创作政治讽刺诗《不准！》等，诗歌创作进入高潮。年底，北岛、芒克主编的民间刊物《今天》创刊号，以《动物篇》为题选发一组“动物短句”（署名“咏喻”）。此为多年沉寂之后第一次发表作品，并由此开始汇入“新时期文学”的潮流。

1979年　“文革”期间创作的部分诗歌，陆续在《诗刊》等报刊发表。年底，完成记叙与表叔沈从文多年交往的长文《太阳下的风景》，散文写作由此进入佳境。同年，4月19日至5月10日，白桦、彭宁所写关于黄永玉的报告文学《路在他的脚下延伸》在香港《文汇报》连载。之后，二人在此基础上创作以黄永玉为原型的电影剧本《苦恋》，拍摄成电影时改名为《太阳与人》。

1980年　6月，为之设计插图的《中国民间长诗选》（第一集）由上海文艺出版社出版。

1981年　1月，诗集《曾经有过那种时候》由江苏人民出版社出版，有诗评者将其称为当代诗歌“口语化写作”的“最早代表之一”。3月，撰文《米修士，你在哪里呀？——怀廖冰兄》。12月，为之设计插图的沈从文《从文自传》，由人民文学出版社出版。

1982年　1月，为之设计封面的邹荻帆诗集《布谷鸟与紫丁香》，由人民文学出版社出版。4月，为之设计插图的《白族民间故事传说集》，由民间文艺出版社出版。荣获中国作家协会举办的“第一届全国优秀新诗（诗集）奖”。同时获奖者有艾青、张天民、流沙河、公刘、邵燕祥、舒婷等十人。8月，为吴祖光话剧《风雪夜归人》画舞台人物速写12幅。向北京人民艺术剧院推荐外国戏剧《贵妇还乡》，公演后，撰写剧评《居伦城的黄皮鞋及其他——祝贺<贵妇还乡>的演出》发表于《读书》杂志。

1983年　1月，撰文《往事与散宜生诗集》记叙聂绀弩往事。同月，选入“动物短句”在内的图文书《永玉三记》，由香港三联书店出版，含《罐斋杂记》、《力求严肃认真思考的札记》、《芥末居杂记》三种，并在香港举办“《永玉三记》插图展”。4月，与曹禺通信，坦率谈及对曹禺五十年代之后戏剧创作的看法，曹禺感慨不已，遂回复长信与之交流。

1984年　《诗刊》举办第一届青春诗会，应邀前去为年轻诗人讲课，其中有顾城、徐敬亚、王小妮、梁小斌、孙武军、高伐林等。4-7月，在《瞭望》周刊开设图与文专栏“猫不理札记”。5月，为之设计插图的《艾青短诗选》，由花城出版社出版。

1985年　3月，在凤凰完成长篇散文《蜜泪》，回忆前三十年的人生经历。6月，图文书《永玉三记》由北京三联书店出版。同年，以笔名“吴世茫”在《新观察》杂志开设“吴世茫论坛”杂文专栏。

1986年　2月，看电影《黄土地》后所写诗歌《献给<黄土地>和那帮小子》，发表于《诗刊》第二期。8月，诗集《我的心，只有我的心》由四川文艺出版社出版。

1987年 12月，为黄苗子、郁风香港画展撰文《白头偕老之歌》。

1988年 8月，撰写怀念沈从文长文《这些忧郁的碎屑》。11月，诗集《花衣吹笛人》由湖南文艺出版社出版。同年，完成图与文作品《水浒人物》系列。

1989年 杂文集《吴世茫论坛》由香港明报出版社出版。同期，在《东方日报》以笔名“老獭”开设“天荒野谭”杂文专栏，发表作品约三百篇。

1990年 1月，在香港《明报》月刊1月号发表长文《大雅宝胡同甲二号安魂祭》，悼念李可染并记叙五十年代在大雅宝居住期间的生活。3月，动笔写《无愁河的浪荡汉子》，初以散文形式，完成数千字后停笔。

1991年 3月，撰写悼念陆志庠文章《不用眼泪哭》。获悉熟悉的旅美华人作家聂华苓的丈夫美国诗人保罗·安格尔去世，作诗《“莲花说，我在水上漂荡”》。本年，在香港《壹周刊》月刊连载海外游记系列《沿着塞纳河到翡冷翠》，并配合发表多种形式的画作。同期，开始在《明报》连载长篇政治幽默小说《大胖子张老闷儿列传》，完成十多万字后因故中断。

1992年 1月，撰文悼念余所亚《余所亚这次真的死了》。在香港重新开始创作自传体长篇小说《无愁河的浪荡汉子》。9月，致信范用，详谈近期写作与出版情况。

1993年　散文集《这些忧郁的碎屑》、诗集《老婆呀，不要哭》由香港古椿书屋出版。

1995年　6月，撰写长文《往事模糊芦花岸》，回忆1948年前后旅居于香港九华径的文化界往事。11月，图文书《水浒人物》由香港明报出版社出版。

1997年　7月，撰写长文《我少年、青年、中年、暮年心中的张乐平》。同期，“黄永玉作品系列”6种陆续由三联书店出版，含《老婆呀，不要哭》、《沿着塞纳河到翡冷翠》、《吴世茫论坛》、《太阳下的风景》、《这些忧郁的碎屑》、《永玉六记》（在原有“三记”基础上，新增加《往日，故乡的情话》、《汗珠里的沙漠》、《斗室的散步》“三记”）。《无愁河的浪荡汉子》已完成部分，在《芙蓉》杂志发表。

1998年　7月，《黄永玉散文》由花城出版社出版。10月31日，在郑州“越秀学术讲座”上发表《关于我的行当——艺术与文学的关系》演讲。

1999年　1月，撰文《北向之痛》怀念钱钟书。4月，撰写《示朴琐记》一文，回忆中学时代在福建集美学校期间学习木刻的往事。11月14

日，在长沙岳麓书院发表《绘画与文学》演讲。

2000年 8月《黄永玉艺术随笔》由浙江文艺出版社出版。自印长篇小说《大胖子张老闷儿列传》。

2001年 6月，自印诗集《一束故乡的诗》。

2002年 1月，诗文集《火里凤凰》由文汇出版社出版。8月，图文书《黄永玉大画水浒》由作家出版社出版。10月19日，在中国现代文学馆发表《我画水浒人物》演讲。11月，撰文《天末怀先让》。12月，为许麟庐画展撰文《云深不知处》。

2003年 7月，《比我老的老头》由作家出版社出版。9月13日，在北京西单图书大厦与读者见面，签售《比我老的老头》。10月20日，在新浪网与网民对话谈《比我老的老头》一书。

2004年 2月，《黄永玉自述》由大象出版社出版。同年，撰写诗歌《像文化那样忧伤——献给邵洵美先生》、《吕荧》。

2005年 5月，撰写关于冯雪峰、周扬等人的长文《为什么老头儿号啕大哭？》，作为《比我老的老头》增补版代序。6月，《永玉六记》由江苏人民出版社出版。

2006年 5月，为之设计藏书票的黄裳《来燕榭集外文钞》，由作家出版社出版。6月，为上海召开的黄裳研讨会撰文《黄裳浅识》，并赋诗一首《体系断层——赠黄裳兄》。8月，诗集《一路唱回故乡》由作家出版社出版。8月26日，“一路唱回故乡——黄永玉诗歌吟诵会”在北京涵芬楼举行。11月12日，在深圳读书月发表《文学之外》演讲。12月，为弟弟黄永厚画集撰序文《暮鼓晨钟八十年》。

2007年　3月，致长信给周海婴，谈及对鲁迅与美术关系的认识。11月，在《收获》第6期发表怀念郁风文章《我的世纪大姐》。

2008年　10月，复信流沙河、吴茂华夫妇，谈及诗画创作体会。流沙河再回信，回忆1982年一起诗歌获奖往事。11月，撰文《庞家那棵大树》，记叙与庞薰琹、庞涛父女两代人的交往。

2009年　续写中断多年的《无愁河的浪荡汉子》，并在《收获》全文连载。《黄永玉大画水浒》增订版由作家出版社出版。为台湾诗人洛夫来访故乡凤凰所写诗歌《在凤凰欢迎洛夫》，发表于《书屋》第4期。

2010年　《无愁河的浪荡汉子》继续在《收获》连载。

2011年　《无愁河的浪荡汉子》继续在《收获》连载。11月，为巴金故居画巴金肖像，并在画上题诗《你是谁？》，另撰文《巴先生》，诗、文同时发表于11月25日《文汇报》。同期，参加巴金故居修缮竣工仪式，与老友黄裳相聚，黄裳撰文《永玉来访》刊于《文汇报》，此为两位老朋友的最后一次见面。为荣宝斋重新印制的套色木刻《阿诗玛》撰写序文。

2012年　《无愁河的浪荡汉子》继续在《收获》连载。2月，在《文汇报》发表怀念黄苗子文章《难忘的清流绝响》。

2013年　5月，演讲集《不太像学术报告》由长江文艺出版社出版。7月，《黄永玉全集》（含文学编六卷）由湖南美术出版社出版。8月，长篇小说《无愁河的浪荡汉子》的第一部《朱雀城》（三卷），由人民文学出版社出版。

图书在版编目（CIP）数据

黄永玉的文学行当 / 李辉编著. – 长沙：湖南美术出版社，2013.9

ISBN 978-7-5356-6599-7

Ⅰ. ①黄… Ⅱ. ①李… Ⅲ. ①黄永玉 – 生平事迹 Ⅳ. ①K825.72

中国版本图书馆CIP数据核字（2013）第224655号

黄永玉的文学行当

出 版 人　李小山

编　　著　李　辉

责任编辑　莫宇红　林广平

责任校对　伍　兰

封面设计　戴　宇

版式设计　但汉琼

出版发行　湖南美术出版社（长沙市东二环一段622号）

经　　销　全国新华书店

印　　刷　长沙湘诚印刷有限公司（长沙市开福区伍家岭新码头95号）

开　　本　710×1000　1/16

印　　张　15

版　　次　2013年9月第1版　2016年9月第2次印刷

书　　号　ISBN 978-7-5356-6599-7

定　　价　48.00元

邮购联系：0731-84787105　邮　编：410016

网　址：http://www.arts-press.com/

电子邮箱：market@arts-press.com

如有倒装、破损、少页等印装质量问题，请与印刷厂联系斢换。

联系电话：0731-84363767